RADICALIDADES

PERE GIMFERRER

RADICALIDADES

Antoni Bosch, editor

Publicado por Antoni Bosch, editor
St. Pere Claver, 35 - Barcelona-17

© Bosch, Casa Editorial, S. A. - Urgell, 51 bis - 1978
ISBN: 84-7162-729-9
Depósito Legal: B. 16.390 - 1978

La cubierta ha sido diseñada por:
QUIM CAÑELLAS

Impreso en España por:
Imprenta Clarasó, S. A. - Villarroel, 15 - Barcelona - 11

Índice

EXPLICACIÓN

Se sabe que lo radical es lo que atañe a la raíz. «De raíz, fundamentalmente y con solidez», dice el Diccionario de Autoridades a propósito de «radicalmente». Un radical es también, o debiera ser, un hombre de izquierdas: lo radical — es decir, lo que atañe «a la situación y a la condición», en palabras de Aleixandre — supone un proyecto vital enteramente nuevo. Lo radical es, en puridad, lo revolucionario, y el lugar de confluencia entre radicalidad vital y radicalidad estética, entre revolución y creación — entre dos revoluciones, entre dos propuestas radicales — es el campo donde convergen los autores aquí estudiados. Más allá de las diferencias estéticas e ideológicas — o de las afinidades — que pueda haber entre ellos, es esta confluencia profunda lo que justifica su inclusión en un mismo volumen.

Me he ceñido al ámbito hispánico; pero, en él, no he limitado el campo de lo aquí recogido ni a la literatura en lengua castellana — el lector hallará un texto sobre un poeta catalán — ni aun a la literatura: el escrito referente a Tàpies se inserta aquí por el carácter, verdaderamente ejemplar, de radicalidad extrema y soberana, de este artista.

En líneas generales, con todo, lo que aquí se trata de dibujar es cierto panorama de tendencias en la vanguardia literaria hispánica, particularmente en lengua castellana. Dicho panorama, esbozado, no se formula en una conclusión como propuesta global, pero se desprende, creo, con sobrada elocuencia del conjunto de los ensayos, que pasan revista a momentos de la historia de la vanguardia desde la generación del 27 hasta la dada a conocer en los años sesenta: la raíz de la contemporaneidad y su momento actual. No he rehuido la insistencia en determinados conceptos, incluso la reiteración de esta o aquella cita concreta, procedente del hecho de que cada ensayo fue publicado antes en forma individual: creo que cada vez que una alusión reaparece, su recurrencia es necesaria y atiende a reforzar el discurso conjunto que debiera dar, si he acertado, cohesión general al libro como tentativa de explicación de algunos supuestos de la vanguardia. En efecto, el tema de *Radicalidades* no se agota en la individualidad de cada autor o de cada obra estudiada: apunta, más allá de este arranque concreto, a lo que está sucediendo, a por qué sucede, a cuál es su sentido.

El panorama no aspira ni con mucho a ser exhaustivo: otras obras de los autores aquí tratados y otros autores que no se incluyen en este volumen, aunque en varios casos se les mencione ocasionalmente, podrían figurar en él de modo no menos legítimo. No faltará sin duda ocasión de ampliar el cuadro con otros nombres, con otras obras.

Los ensayos aquí reunidos se escribieron y publicaron entre 1971 y 1977. Al recogerlos en libro, se me planteaba el problema de su ordenación, y era un problema difícil, porque la confección de un índice según criterios convencionales, académicos, me repugnaba particularmente y me parecía del todo contradictoria con la materia. Por otro lado, cualquier posible ordenación — por temas, por ámbitos nacionales, por generaciones, por fecha de redacción de mis trabajos — me resultaba, en el fondo, igualmente arbitraria y artificial. Por último, me resolví por un criterio determinado — no vale la pena, por las razones que se verán, que indique ahora cuál — y así entregue el original para que se compusiera con las indicaciones correspondientes. El azar objetivo que fascinaba a André Breton intervino, por fortuna: los linotipistas extraviaron mis indicaciones y al recibir las primeras pruebas me encontré con el material ordenado en una forma absolutamente inesperada para mí, y, según los criterios usuales, del todo heterodoxa. Pero, conforme iba leyendo el texto, aquella ordenación nacida del azar me pareció secretamente armónica; hallé en ella cierto equilibrio, ciertas leyes compensatorias, cierta variedad. Me agradó, y la he respetado, ya que, a fin de cuentas presenta juntos los ensayos referentes a un mismo autor cuado hay varios y no incurre, decididamente, en la monotonía. No es un reflejo infiel de la forma en que los estímulos exteriores se aparecen usualmente al crítico, y configuran así un panorama.

Ya vulnerada por este lado la convención, apenas me costó sustraerme a ello por otro. En un principio, había pensado en dar la consabida y engorrosa ficha bibliográfica exhaustiva de cada trabajo; pero luego he decidido presentar el libro limpio, o casi limpio, de polvo y paja. No del todo, sin embargo: no doy la referencia completa, pero no me considero eximido de dar alguna mínima noticia, aunque sin la precisión de una ficha, pese a que dispongo de ella en cada caso. *Riesgo y ventura de Juan Goytisolo* es el prólogo a las *Obras completas* de este autor, publicadas por Aguilar, y se reproduce con autorización de esta casa, que agradezco personalmente a don Manuel Aguilar; una parte de este ensayo había aparecido en *Revista de Occidente* en 1974, fecha de su redacción. *Juan sin Tierra: el espacio del texto* apareció en la revista *Espiral,* de Madrid. *Temas y procedimientos en la poesía de Joan Brossa* apareció en su versión original catalana en la revista barcelonesa *Estudios escénicos,* y en la presente versión castellana en *Cuadernos Hispanoamericanos.* *Tàpies: el silencio y el trazo* se publicó en la revista madrileña *Guadalimar.* *Itinerario de Vicente Aleixandre* es el prólogo que redacté para mi *Antología* total de este poeta, publicada en 1975 por Seix Barral, con cuya autorización, que agradezco, se reproduce; la cuarta sección de este ensayo apareció en *Plural* de México, en 1974. En esta misma revista — siempre en la etapa en que la dirigía Octavio Paz — aparecieron *Convergencias, El mapa y la máscara, Círculos y metamorfosis, Aproximaciones a Manuel Puig —* cuya traducción alemana publicó Surkhamp Verlag en el volumen *Materialien zur lateinamerikanischen Literatur* en 1876 —, *Notas sobre Juan Benet* — reeditado luego, en versión corregida y ampliada, que es la que aquí reproduzco, en la revista *Norte* de Amsterdam — y *Diálogo de heterodoxos: de Blanco White a Molinos.* La *poesía última de José Ángel Valente* apareció en *Triunfo,* de Madrid. *Luis Goytisolo: obra en marcha, Trayectoria de José Ángel Valente* y *Valente, en prosa* (con el título, ahora ya inadecuado, de *Valente, en la actualidad*), en *Destino,* de Barcelona.

RIESGO Y VENTURA DE JUAN GOYTISOLO

EL caso de Juan Goytisolo (Barcelona, 1931) puede, a la vez, calificarse de singular y de ejemplar. Singular, porque es raro que un escritor que inició su obra bajo tan favorables auspicios se desvíe luego hasta tal punto de su camino inicial y proceda más tarde a un replanteamiento tan radical de su estética que pueda decirse que, a partir de sus treinta y cinco años, nos hallamos ante un novelista casi enteramente distinto. Ejemplar, porque esta trayectoria zigzagueante y autocrítica, hecha de quiebras y percances, ilustra de modo casi paradigmático el destino de toda una generación de escritores españoles y, más generalmente, los dilemas a los que, en los años de posguerra, hubo de enfrentarse quien aspirase a ser a la vez novelista y revolucionario, o simplemente al propio tiempo crítico de una sociedad e innovador de la narrativa. Ello no es privativo de Juan Goytisolo: se da, con los matices propios de cada caso individual, en un amplio grupo de escritores de su promoción. El hecho de que, entre quienes de estas suerte han evolucionado — norma, a la que, por el carácter extremadamente individualizado de su obra, escapan escritores como Luis Martín-Santos, Juan Benet o Rafael Sánchez Ferlosio, a quienes sería vano tratar de insertar en un movimiento generacional sin forzar los esquemas de éste — haya sido Juan Goytisolo el primero en haber dado fe públicamente de su revisión de la propia estética y (con la sola excepción de Luis Goytisolo, a partir de 1973) el único en haber obtenido de aquélla, en una nueva etapa, resultados válidos, convierte al autor de *Señas de identidad* en uno de los ejes de la evolución de las literaturas peninsulares de posguerra y en uno de los factores decisivos del giro que, a lo largo de los últimos diez años — desde la aparición de *Tiempo de silencio* — ha cambiado completamente el verdadero rostro de la novela española. He dicho el *verdadero* rostro: las supervivencias de una estética anterior, por estimables que puedan ser, a veces, en sí mismas, no deben ocuparnos ahora. Son epifenómenos que interesarán, para completar el cuadro de la época, al historiador de la literatura, o reclamarán la atención del cronista periódico; desde nuestro punto de vista actual, son manifestaciones de ultratumba de una época literaria difunta.

Y, sin embargo, esta trayectoria, esencial y tan indisoluble de la evolución y problemática de la literatura española como de la historia política, social y moral del país, se ha producido en gran parte fuera de él, y sólo muy raramente ha sido accesible al lector común de la Península. En efecto, de los dieciséis libros que ha publicado hasta el presente Juan Goytisolo, únicamente seis conocieron el destino usual de una obra literaria: ser publicada en su país y darse a conocer en él inmediatamente. Los seis títulos a que me refiero son los siguientes: *Juegos de manos, Duelo en El Paraíso, El circo, Problemas de la novela, Campos de Níjar* y *Fin de fiesta*. Si recordamos, además, que dos de estas obras — *El circo* y *Problemas de la novela* — han sido posteriormente desautorizadas por el autor, tendremos que únicamente la exigua cifra de cuatro títulos — exactamente una cuarta parte de la producción total del escritor — ha circulado en el país en el momento de su aparición. Los restantes libros han llegado de modo catacúmbico o abiertamente clandestino o bien — como *Fiestas* — se han beneficiado de un tardío permiso de publicación cuando ya el autor había superado, en su obra en curso, la etapa a que pertenecían. No es casual que Goytisolo [1] haya trazado un paralelo entre su destino y el de escritores como Cernuda y Blanco White. Como en ellos, el exilio — así sea voluntario — cubre en nuestro escritor el período creador más dilatado; como en ellos, las obras de dicho período no han llegado sino muy parcamente al conocimiento de los paisanos del autor.

a) *Los comienzos*

La carrera literaria de Juan Goytisolo se inicia, en puridad — prescindamos de publicaciones en revistas y de alguna novela primeriza destinada a permanecer inédita — con la presentación de *Juegos de manos* al Premio Eugenio Nadal 1953 y la ulterior publicación de esta

---

1 En la «Presentación crítica de José María Blanco White», en JOSÉ MARÍA BLANCO WHITE, *Obra inglesa*, Ediciones Formentor, Buenos Aires, 1972, páginas 79-98, 2.ª edición, Editorial Seix y Barral, Barcelona, 1974.

obra, en diciembre del año siguiente, por Ediciones Destino. Goytisolo había presentado su libro al Nadal; el dato sería irrelevante en sí
mismo — finalmente, el premio se otorgó a Luisa Forellad, una es-
critora sin porvenir — si no nos mostrara con toda claridad que en
nada diferían los primeros pasos de nuestro escritor de los de cualquier otro principiante que en aquellos años deseara darse a conocer.
La exclusión, el rechazo, no vendrían de él, sino de la sociedad literaria — y de la sociedad española *tout court* — y no tardarían por
cierto muchos años en producirse: seremos testigos de sus etapas.
Goytisolo publica su primer libro en diciembre de 1954: la fecha es
importante, porque la indudable precocidad del novelista determina
que sea aún protagonizada de un momento literario que sólo en calidad de espectadores habrán alcanzado a vivir los restantes nombres destacados de su generación. Cela es aún el mayor novelista
de aquellos años — acaba de publicar *Mrs. Caldwell habla con su
hijo,* posiblemente su última novela importante hasta *Oficio de tinieblas 5* — y, disipadas las esperanzas que pudieron haberse puesto en Carmen Laforet, son Ana María Matute y Miguel Delibes las
figuras jóvenes más prometedoras. El Premio Nadal de 1955 se otorga a Rafael Sánchez Ferlosio, por *El Jarama:* con este título se cierra una época de la novela española — la que habían abierto *Nada*
y *La familia de Pascual Duarte* en la década anterior — y se inicia
otra, de la que Goytisolo será uno de los actores más destacados.
Tras obtener una resonancia crítica — interior y exterior — realmente insólita, y a menudo desproporcionada, este período terminará,
en los más responsables, con el silencio y la crisis; en los epígonos,
con el manierismo y la fosilización. (Breve edad de oro: en 1962, la
aparición de *Tiempo de silencio* pondrá fin a lo que Castellet ha
denominado la «pesadilla estética» y suscitará unos interrogantes que
en adelante no ha de ser posible soslayar. Inesperadamente para
muchos, será el Goytisolo de 1966 — el de *Señas de identidad* — el
primero en encararse con ellos.)

Juegos de manos es una obra sorprendentemente incorformista en
la literatura española de la época y sorprendentemente madura para
escrita por un novel de veintidós años. Se ha recordado a su propósito el antecedente del Gide de *Les faux-monnayeurs;* esta referencia — como el paralelo con *Lord of the Flies,* de William Golding,
que se ha establecido por algunos en el caso de *Duelo en* El Paraíso, aunque en esta ocasión la cronología excluya otra hipótesis que
la simple coincidencia — no me parece digna de especial consideración, por cuanto el propósito de los autores y la hechura de las

respectivas novelas difieren sensiblemente. El libro de Gide es un producto literario típico de la intelectualidad y las formas de vida de anteguerra; *Juegos de manos*, aunque rehúya una localización temporal precisa, no se explica fuera del contexto de la posguerra.

Desde el punto de vista técnico, la primera novela de Juan Goytisolo, que, por su soltura y ausencia de retórica, debía producir un indudable efecto provocador y revulsivo en la fecha en que fue publicada, es evidentemente un libro mucho menos elaborado que otros que aparecerán en los años inmediatamente posteriores: *El Jarama*, o *Las afueras*, de Luis Goytisolo. De hecho, el desfase entre una elaboración técnica insuficiente o inadecuadamente planteada y un temple de novelista que sólo podía calificarse de excepcional es la característica que más llama la atención en toda la obra de Goytisolo anterior a *Señas de identidad*. Esta bipolaridad contradictoria explica, por una parte, el éxito inmediato, casi fulminante, de las obras de la primera etapa de Goytisolo, y, por otra, el margen de insatisfacción parcial que el crítico, y finalmente[2] el propio novelista no podían dejar de experimentar ante ellas: el talento del escritor y la audacia y novedad del planteamiento no podían resultar más evidentes; ello hacía más decepcionantes los rasgos primerizos que podían detectarse en la ejecución y la construcción, que aparecen, casi siempre, rápidas y esquemáticas en exceso. (De otro orden de problemas, los relativos al lenguaje, me ocuparé más adelante.) Con todo, y con ello, que era inevitable en escritor tan joven, no creo que resulte demasiado arriesgado afirmar que — hecha la salvedad de los relatos que componen *Fin de fiesta* — es el díptico inicial, formado por *Juegos de manos* y *Duelo en El Paraíso*, lo más valioso de la extensa producción de Goytisolo comprendida entre 1954 y 1966.

Me he referido a un díptico, y en parte alguna consta que las dos novelas que he citado aspiren a constituirlo. Me autoriza a otorgarles tal consideración su visible complementariedad. *Juegos de manos* es una novela que narra la elección de la violencia como pauta de conducta en un grupo de personajes cuya edad oscila entre el fin de la adolescencia y la primera juventud; *Duelo en El Paraíso* relata la irrupción de la violencia en un núcleo de muchachos que se encuentran en los umbrales de la adolescencia. *Duelo en El Paraíso* transcurre durante la guerra; *Juegos de manos*, aunque ello no aparezca

---

2 Véase, por ejemplo, la entrevista de Juan Goytisolo por Emir Rodríguez Monegal publicada en la revista *Mundo Nuevo*, junio, 1967, págs. 165-198.

especificado, supone la existencia anterior del conflicto y se sitúa en su inmediata secuela temporal. En ambas novelas, en suma, el tema es idéntico: la corrupción, en forma activa o pasiva, de la inocencia — en la medida en que, de acuerdo con los arquetipos usuales, no sólo la infancia y la adolescencia, sino la primera juventud han solido revestirse en literatura de los atributos de la inocencia —. La atracción de Goytisolo por los personajes infantiles, adolescentes o juveniles, será una de las constantes más notorias de su obra. Incorporada a un esquema previo, perderá eficacia, pero no carga mítica, en *Fiestas* o *La resaca*; reaparecerá en numerosos personajes incluso episódicos, y será esencial en dos relatos de *Fin de fiesta*, por lo menos. En *Señas de identidad* (y aun prescindiendo del episodio amoroso con la núbil miliciana, suprimido por el autor en la segunda edición) el peso del pasado del protagonista — encarnado, ya desde el comienzo del libro, en la admonición de las Voces — es tal que solo desde determinado punto de vista podemos pensar que el verdadero personaje central de la novela es el Álvaro adulto: de hecho, Álvaro adulto es un espacio fantasmático, habitado por la espectral linterna mágica de estratos anteriores de su conciencia. Ello se hará de todo explícito, y hallará su más sobrecogedora e inequívoca ilustración, en *Reivindicación del Conde don Julián*, donde la sodomización final del niño nos hace accesible por completo la carga oculta de significaciones de un tema que habrá tardado más de tres lustros en hacer aflorar a la superficie todas sus implicaciones.

b) *Transición: la novela política y el populismo*

En la intención del autor, las tres siguientes novelas de Goytisolo — publicadas el mismo año, 1958, lo cual no deja de ser sintomático tanto respecto a los métodos de trabajo del escritor en aquella época como, sobre todo, respecto a su absoluta confianza en unos esquemas estéticos previos que le permitían producir sin interrupción; de hecho, es la quiebra de esta confianza, común a toda la generación, lo que determinará su crisis ulterior — constituían partes de un vasto ciclo dedicado a la vida española contemporánea. Como se ha dicho, el primero de tales títulos — El circo — fue desautorizado por su autor, y ello desde época muy temprana (no ha sido traducido a ningún idioma extranjero, siendo así que, por lo común, a partir del éxito de la traducción francesa de *Duelo en* El Paraíso, debida a Maurice Edgar Coindreau, los libros de Goytisolo han solido traducirse inmediatamente, y en algún caso incluso la traducción ha aparecido antes que el texto original castellano). No puedo decir que, a mi modo de ver, tal exclusión esté justificada; con frecuencia, decisiones de este tipo están movidas antes por la necesidad de exorcizar los demonios interiores del autor que por un juicio objetivamente exacto, y nos es lícito suponer que, en *El circo*, Goytisolo, eligiendo este título a modo de chivo expiatorio, ha condenado más su estética de entonces — para la que ha tenido luego [3] palabras severísimas — que la individualidad de la obra. Ésta, que en algunos tramos de acción extravagante y pintoresca reencontraba a veces el acento de *Juegos de manos* — así en los rasgos paródicos del relato de Hemingway *The killers* —, aunque posiblemente sea inferior a *Fiestas*, segundo título de la serie, supera de modo evidente a *La resaca*, novela que, interesantísima por lo que tiene de sintomática de un período de nuestra narrativa, representa el momento creativo más bajo de Goytisolo.

Fiestas y *La resaca* — colocadas al amparo de la advocación de sendos fragmentos de un poema de Machado muy citado en aquellos años, «El mañana efímero» — parecerán con toda probabilidad al lector de hoy excesivamente simplistas e incluso a veces cercanas a la estética del «realismo socialista». Las insuficiencias que, aun en el plano meramente documental, pueden apreciarse en ellas nos harían atribuirlas antes a escritores intuitivos, de preparación técnica inferior — se piensa, paradójicamente, en *La raíz rota*, de Barea — que en un novelista de formación intelectual que había probado en sus dos primeras obras un dominio sorprendentemente precoz de sus recursos. Es preciso haber vivido, de cerca o de lejos, el ambiente de la intelectualidad española de izquierdas en aquellos momentos para comprender hasta qué punto la actitud de Goytisolo era consecuencia, llevada hasta sus límites más radicales, de un compromiso político. Fue común, en efecto, la creencia de que era preciso ofrecer en holocausto cualquier intento de indagación técnica, y aun el simple empeño de tener en cuenta, a la hora de escribir novela, la evolución sufrida por el género a partir de Joyce y Proust, a fin de crear una obra didácticamente eficaz, encaminada al despertar de la conciencia política del lector, y ello en el plano más elemental y

---

3   «Nuestra acepción del compromiso nos llevaba (*dura lex, sed lex*) a escribir obras en serie, nos condenaba a la rutina del realismo fotográfico» dice, por ejemplo, en el ensayo «Literatura y eutanasia», recogido en *El furgón de cola*.

directo. Durante unos años, breves pero de intensa producción (1958-1961), esta idea dominará la obra de Goytisolo, aunque a partir de 1960 la veamos decrecer. Sacrificio en verdad cruento, que yuguló casi por completo a toda una generación de poetas (Jaime Gil de Biedma y sobre todo José Ángel Valente serían las excepciones) y que truncó, salvo en los casos de Juan y Luis Goytisolo, el camino del movimiento innovador que pudo haber iniciado *El Jarama*, a costa, precisamente, de esquematizar y degradar la estética behaviorista de esta novela admirable. El único pecado que no puede cometer impunemente un escritor contemporáneo — la fe ciega en la propia escritura, la ausencia de un planteamiento autocrítico de la obra artística como tal — se erigió, precisamente, en norma estética. Pero sería injusto reprochar a nuestros novelistas tal actitud: errónea en el plano literario, era, en el plano cívico, fruto de un compromiso que, aunque equivocadamente planteado, contrasta en verdad con el cínico cambalache conformista a que la literatura peninsular nos tiene demasiado acostumbrados siglos ha. Y, finalmente, preciso es reconocer que tal etapa fue útil, desde el punto de vista histórico, para provocar una crisis en verdad fructífera: la que — luego examinaremos su compleja concatenación de causas y efectos — ha situado inesperadamente a la novela española en un nivel de calidad que, en nuestro siglo, sólo puede equipararse con el mejor momento de la producción narrativa de Baroja y Valle-Inclán.

Tanto *Fiestas* como *La resaca* son novelas urbanas, centradas en el contraste, en los medios suburbiales de la Barcelona de los años cincuenta, entre la sórdida picaresca de los núcleos marginados — básicamente compuestos por inmigrantes — y la hipocresía o la farsa de la alta burguesía o el triunfalismo propagandístico. Más que directo, el valor testimonial de tales novelas es reflejo: nos aleccionan acerca de la forma en que un escritor marxista creía, por entonces, que era su deber dar cuenta de un juego de fuerzas que, por lo demás, ha variado sensiblemente desde aquellos años. Lo primero que sorprende en ambas novelas, tratándose de obras de intención documental, es que aparezcan extrañamente desencarnadas: el hecho de que sus protagonistas sean individuos marginados de la comunidad barcelonesa no basta en sí mismo para explicar que lo específico de ésta — desde el problema catalanista, que tendrá en cambio su papel en *Señas de identidad*, hasta la exploración de las peculiaridades más características de la sociedad industrial o el propio relieve novelesco de los escenarios — aparezca relegado a una función muy aleatoria o simplemente no se manifieste. Ello responde también al propósito programático previo del escritor; *Fiestas* o *La re-saca* podrían — y deberían, en la intención del Goytisolo de enton-ces — ser obra, con las variantes del caso, de un escritor militante de Brasil, Grecia o la Cuba de Batista; lo que importaba era retener los rasgos esenciales del conflicto, comunes a cualquier país en que éste se produjera.

Paralela — y, en cierto modo, contrapuntadamente — a esta gene-ralización, que diluye las particularidades específicas en beneficio del esquema ideológico, sorprende en *Fiestas* y *La resaca* una tendencia, que será característica de esta etapa del autor, al rasgo costumbrista y populista. Ello es perceptible en la idealización de los personajes proletarios, de los «ex hombres» — la literatura de inspiración socia-lista debía dar por supuesto que en ellos se encerraba potencial re-volucionario; *Señas de identidad* dará testimonio del desengaño del escritor sobre este punto — y en la transcripción de los diálogos que sostienen, que, a diferencia de la solución adoptada por Sánchez Ferlosio en *El Jarama* o por Luis Goytisolo en *Las afueras,* aspira a respetar sus dialectismos y peculiaridades morfológicas y fonéticas. El intento — que dará mejores resultados en los libros de viajes, y singularmente en *Pueblo en marcha* — es aquí discutible; si no yerro, la familiaridad de Goytisolo con la lingüística debe situarse en fe-cha muy posterior,[4] y ello puede explicar que las transcripciones de *Fiestas* y *La resaca* resulten artificiosas y aproximativas (en contraste con las que hallaremos en *Señas de identidad* y *D. Julián*), lejanas de los resultados que podría obtener una encuesta antropológica ri-gurosa. Otro rasgo, complementario, nos llama la atención: quizá debido a los reproches que cierto sector de la crítica había formu-lado respecto a su lenguaje, Goytisolo muestra, a partir de estas obras, una preocupación por el léxico que le conduce con frecuencia al em-pleo de vocablos inusuales. Ello ofrece extremado interés, porque la dialéctica de atracción y repulsión, de fascinación y de rechazo — como ante la visión de la Gorgona — respecto al idioma castellano, será una de las claves de la más reciente etapa del escritor. Aunque se trate de una obra algo posterior, la confrontación de las diversas ediciones de *Fin de fiesta* resulta a este respecto muy elocuente: algunos rasgos constantes, que parecían más bien obedecer a un pru-rito de erudición casticista (así el empleo sistemático de «aperso-

---

4   Véase el ensayo «Lenguaje, realidad ideal y realidad afectiva», recogido en *El furgón de cola.*

narse» por «acercarse») son eliminados en la última edición por el autor; el vocabulario marinero del relato inicial, que en la primera edición era muy frondoso, se reduce en la última a proporciones más cercanas a la lengua no especializada. (Aunque esta tendencia ha desaparecido por completo de la producción actual del escritor, es curioso observar que todavía en el prólogo a la *Obra inglesa*, de Blanco White, encontramos «acostarse» por «acercarse», lo cual [5] dejó de ser usual en castellano desde el siglo xv, salvo en náutica; bien es verdad que puede tratarse de un catalanismo y, en este caso, sería perfectamente acorde con la lengua barcelonesa del autor y, sin lugar a dudas, lícito en castellano actual.)

Si se aceptan sus premisas estéticas, *Fiestas* y *La resca* son dos obras de una eficacia indiscutible. La narración está conducida con extremada soltura y, aunque su cuadro tipológico sea restringido y se halle en función de unos esquemas previos, lo cierto es que los personajes principales se imponen al lector como perfectamente verosímiles. Lo que lastra estas obras es principalmente el determinismo impuesto por el escritor, que no podemos dejar de advertir en ellas; el desarrollo de los motivos del Goytisolo anterior — la infancia amenazada y corrupta, la rebeldía — se halla aquí subsumido en un planteamiento que recuerda curiosamente las primeras manifestaciones del neorrealismo zavattiniano, y posee algunas de sus virtudes y defectos. Con dos excepciones: el catolicismo zavattiniano es sustituido por un violento anticlericalismo, que será característico de Goytisolo, y — aunque en *La resaca* aparezca, con intención revulsiva, algún episodio melodramático — el novelista español no hará concesión alguna al sentimentalismo. Nos habla en nombre de la revolución, no de la caridad universal.

Paralelos a estas obras de ficción son tres reportajes: *Campos de Níjar, La Chanca* y *Pueblo en marcha,* los dos primeros sobre comarcas subdesarrolladas de la España del Sur, el tercero — que no pareció complacer mucho a sus destinatarios [6] — sobre la Cuba revolucionaria. Aunque su ambición sea más modesta, los resultados de estas obras son más convincentes que los de *Fiestas* y *La resaca,* precisamente porque, en virtud de su esquema itinerante, se hallan libres de las convenciones novelescas que trataban de aquellos títu-

---

5 Cfr. J. COROMINAS, *Diccionario crítico-etimológico de la lengua castellana, Editorial Gredos,* Madrid, volumen I, página 972.

6 Cfr. la nota 1 del ensayo citado en nuestra nota 4.

los el libre despliegue de una acción sometida en exceso a unas necesidades de programa ideológico.

c) *Del proletariado a la burguesía*

Las siguientes novelas de Goytisolo — el punto de inflexión aparece señalado por los relatos que componen *Para vivir aquí* — se situarán en una perspectiva distinta. Por un lado, retornarán, desde otro ángulo, al ambiente burgués de raíz autobiográfica que presidió *Juegos de manos* y en cierta medida medida *Duelo en El Paraíso*. Por otro, constituirán ejercicios behavioristas de despojamiento del relato, reducido cada vez más a una estricta asepsia que aspira a la despersonalización. Una y otra características concurren reunidas en otras obras de aquellos años y requieren, para ser expuestas debidamente, ciertas precisiones complementarias.

La transición, que va desde la novela centrada en los medios proletarios y encaminada a denunciar sus condiciones de vida hacia la novela que, encapsulada en el microcosmos burgués, da cuenta de la secreta sordidez de su hedonismo, es, en los primeros años de la década de los sesenta, propia de un extenso grupo de narradores. Responde, en rigor, a una primera fase de la quiebra de confianza a que hemos aludido: la literatura militante centrada en el proletariado pierde sentido a medida que, con el transcurso del tiempo, se hace evidente, no ya que la esperada respuesta revolucionaria de aquél se produce sólo de modo parcial y esporádico, sino que el aumento del nivel de vida y la acción del turismo, liberando al país de su anterior condición de subdesarrollado, sin por ello llegar a incluirlo en el nivel de pleno desarrollo, varían sensiblemente las condiciones objetivas respecto a cualquier posibilidad revolucionaria. En el terreno estético, por otra parte, el movimiento de revisión de los postulados de la crítica marxista tras el vigésimo congreso del partido comunista de la U.R.S.S. (cuya manifestación más difundida fueron ciertos trabajos de Lukács y, en menor medida, de Garaudy, muy leídos por los escritores españoles de izquierdas, marxistas o no), muestra la posibilidad de una literatura que, menos directamente revolucionaria, no por ello deje de ejercer una crítica de la sociedad. A ello se añade el influjo de los escritores behavioristas, principalmente de Hemingway, Faulkner (en la medida en que sea lícito considerarle como tal), y de modo muy particular Pavese, que, para un intelectual de nuestra península, representaba, en cierto modo, un modelo ideal: heredero, por su técnica, de los americanos, se hallaba vinculado a una sociedad no muy desemejante de la que se había vivido en España; simpatizante con el marxismo, separado luego de él como encarnación del dilema entre las convicciones políticas socialistas y la problemática personal, entre programa e individuo, entre filiación burguesa y actividad revolucionaria, e incluso, genéricamente, entre intelectual puro y hombre de acción.

El libro teórico más influyente en España fue, sin duda, *La hora del lector*, de J. M. Castellet. Sus postulados — no intervención del autor; lector convertido en elemento activo — informaban también *Problemas de la novela*, la primera tentativa ensayística de Juan Goytisolo, hoy desautorizada. Uno y otro, aunque posean interés histórico, son libros de época, y hay que felicitarse de que sus autores hayan tenido el difícil rigor de encarar posteriormente el hecho literario bajo premisas muy distintas. Contra lo que puede creerse, no es el *nouveau roman* de Robbe-Grillet o Butor, conocido desde muy pronto en España, el movimiento que verdaderamente influye en estos escritores. El modelo decisivo es, ya lo hemos apuntado, anterior y autóctono: *El Jarama*, de Ferlosio. Esta obra fue — al igual que *Alfanhuí* — concebida como un ejercicio; en la intención del autor, y pese al excepcional nivel alcanzado, no dejó nunca de serlo. La aplicación sistemática de su *parti pris* — una escueta transcripción fenoménica de acciones y diálogos triviales, que operaba el vacío barométrico en torno al psicologismo o el subrayado estilístico de la novela tradicional — a las formas incipientes de la *dolce vita* hispana (lo cual es ya de por sí un contraste; *El Jarama* se refería al asueto y al ocio, a los «tiempos muertos», pero se ceñía casi exclusivamente al proletario), constituyó, tras la novela directamente vinculada al realismo social, la tendencia a que por aquellos años se acogió mayor número de novelistas jóvenes. Huérfanas casi por completo de acción en el sentido tradicional, voluntariamente desdramatizadas, tales obras — desde *Tormenta de verano*, de Juan García Hortelano, a *Las mismas palabras*, de Luis Goytisolo, que su autor desautorizó luego, o títulos de escritores noveles, como *Encerrados con un solo juguete*, de Juan Marsé — se resintieron principalmente de su extremismo estético: hasta tal punto sacrificaron las necesidades más obvias de la escritura al empeño de borrar cualquiera huella de la intervención del autor, que era imposible no advertir en ellas cierto encorsetamiento; hasta tal punto quisieron privarse de cualquier residuo de la novela tradicional, que en más de un caso la inexistente trama, servida por el vacío de campana neumática de un estilo átono, desembocaba en la no-significación, en lo inoperante.

Para Juan Goytisolo — como para Luis Goytisolo — esta etapa resultó ser un aprendizaje y una disciplina; y casi heroica por cierto, tan alejada se hallaba — *Señas de identidad* y *Recuento* lo evidenciarían — de lo más genuino del temperamento de ambos. Más breve en el tiempo y en el número de títulos que la inmediatamente anterior, obtuvo sus mejores resultados en *Fin de fiesta,* volumen de cuatro relatos — el último de los cuales anticipa algo de la temática y escenarios de *Señas de identidad* —, cuya intención, convergente, era dar cuenta de la crisis de otras tantas parejas. Publicado en 1962, el libro — cronológicamente la última obra narrativa de Juan Goytisolo, cuya aparición ha sido autorizada en España — contenía, sin lugar a dudas, la más valiosa producción del autor desde *Juegos de manos* y *Duelo en* El Paraíso y evidenciaba una madurez técnica que constituía un primer síntoma de que la accidentada trayectoria no había transcurrido en vano. Le había precedido una breve novela, *La isla,* ambientada en el recién creado «paraíso turístico» de la Costa del Sol y llamada originariamente a servir de guión para un filme que nunca llegó a realizarse. La obra se emparentaba con el relato inicial de *Fin de fiesta* por su contrapunto entre el subdesarrollo de los estratos populares andaluces y las formas de vida del turismo europeo que invadía aquellas localidades. Dicho contraste, en el que se cargaba el acento para hacer más explícito el contenido crítico del libro, remitía quizás aún al antiguo esquema de oposición proletariado-burguesía propio de *Fiestas* y *La resaca,* cuyo planteamiento sería superado por el autor a partir de *Señas dei dentidad.* La obra — influida quizá por el Hemingway de *The sun also rises* — era en sí muy notable, pese a que Goytisolo recurría a un procedimiento — convertir en eje conductor de la acción a un personaje femenino — que no podía convenir menos a un escritor que sólo al encararse con su subjetividad — en el tríptico formado por *Señas de identidad, Reivindicación del conde don Julián* y *Juan sin Tierra* — nos daría la verdadera medida de sus posibilidades.

d) *El nuevo Juan Goytisolo*

Señas de identidad[7] se abre con un coro de Voces formado por una sucesión ensamblada de *collages* de verdaderos textos periodísticos estampados por la prensa española a propósito de Juan Goytisolo en ocasión de un incidente real que él mismo ha relatado en diversas ocasiones.[8] Este dato, y algunas de las circunstancias que concurren en el protagonista, así como el visible carácter de recapitulación de toda la etapa anterior, de examen y replanteamiento de la trayectoria literaria del escritor y de su propia experiencia personal y lo que en ella es común a un sector de la generación a que pertenece, podrían invitar a una lectura de *Señas de identidad* como novela autobiográfica. Sin embargo — y la confrontación de esta obra con *Recuento*, de Luis Goytisolo, que en una lectura superficial también puede parecer autobiográfica, contribuirá, al poner de relieve las diferencias que separan a ambos títulos, a evidenciar el trabajo de estilización de la propia experiencia que han llevado a cabo, por caminos bien diversos, uno y otro novelista —, pese a algunos puntos coincidentes u homólogos, no pocos de los datos clave del personaje de Álvaro han sido objeto, respecto a la identidad real del autor, de un sistema de desplazamientos que asegura la autonomía de la creación novelesca. Uno de los centros de la obra — la muerte durante la guerra civil del padre del protagonista a manos de elementos republicanos — se produjo en la vida real exactamente en sentido contrario: quien murió durante la contienda, y en circunstancias bien distintas de las supuestas para la desaparición del padre de Álvaro, fue la madre del escritor.[9] En otros aspectos, la sustitución o corrección es mínima: el origen familiar de Álvaro es asturiano en la novela, y vasco el de Goytisolo, y que Álvaro sea fotógrafo de France Press, y no novelista, no altera de modo sustancial el hecho de que el autor y su personaje son españoles voluntariamente exiliados cuya actividad ha dado testimonio ante el exterior de las condiciones de vida del país. Del mismo modo, los antecedentes familiares de in-

---

7 Citaré en todo momento esta novela por el texto definitivo establecido en su 2.ª edición, publicada en 1969.

8 Véase «Presentación crítica de José María Blanco White», *op. cit.*, páginas 42 y 43.

9 Tal es el tema central del primer libro de poesía de José Agustín Goytisolo, *El retorno*. (Ediciones Rialp, Madrid, 1955.)

dianos establecidos en Cuba y la confrontación de este pasado con la realidad presente de la isla bajo el régimen de Castro (episodio que, en la versión definitiva de la novela, aparece subsumido en otros, pero no deja por ello de cumplir su papel en el equilibrio general de la ficción) responden de modo bastante directo a circunstancias reales de la vida de Goytisolo. Pero una indagación de esta índole, en la que podría proseguirse, sería acaso útil para conocer algo de los métodos de trabajo del escritor y del criterio que guía sus transposiciones y equivalencias de lo real a lo ficticio, mas se revelaría en último término infructuosa respecto a lo que con mayor fundamento puede interesar al analista, esto es, respecto a las particularidades del fundamento estético de la obra. Más que a deslindar lo que en ella es experiencia personal incorporada y lo que debe cargarse en la cuenta de la invención dictada por las necesidades estructurales de la composición, nuestra lectura de esta novela — y de la posterior *Reivindicación del conde don Julián,* que también consentiría una pesquisa en sus raíces autobiográficas — se ha de encaminar, pues, a examinar lo que la distingue de la bibliografía precedente del escritor y el sentido que su planteamiento del hecho narrativo adquiere en el actual momento evolutivo del género novelesco.

No es la primera vez que señalo, ni soy el único en hacerlo,[10] que lo característico de las dos últimas novelas de Juan Goytisolo — y, por lo que de ella conocemos, también de la subsiguiente *Juan sin Tierra,* aún en curso de redacción en el momento en que escribo estas líneas — es la elección, para adoptar la terminología de Benveniste, del *discurso* frente a la *historia.* Esta disyuntiva se halla en el centro problemático de la literatura contemporánea. Si la novela es, sobre todo a partir de la quiebra de la estética naturalista, el género totalizador que, superando y englobando a los otros, parece haberlos vampirizado, diríase que, por lo mismo, la acción ha sido a la vez centrífuga y centrípeta: la novela se ha posesionado de los restantes géneros, pero esta absorción no puede dejar de hacer estallar la individualidad del género novelesco. La tendencia visible en la evolución de la literatura parece apuntar ciertamente hacia un género único, mas este género, al asumir los anteriormente existentes,

---

10   Véase J. M. Castellet, «Panorama literario», en *España perspectiva 1973,* Guadiana de Publicaciones, Madrid, 1973, páginas 137-140, en particular; y las respuestas del mismo crítico y las mías propias a la encuesta sobre nueva literatura española publicada en el núm. 25 (octubre de 1973) de la revista mexicana *Plural.*

da cuenta también de la convención en que se sustentaba el concepto usual de novela. Ni poesía ni ensayo ni dramaturgia ni relato: textos.

Sabemos que nuestro concepto heredado del género narrativo es una noción moderna. Ni *El sueño del aposento rojo,* ni *Las mil y una noches,* ni *Perceval,* ni *Blanquerna,* ni *El conde Lucanor* tienen, por razones diversas, cabida en él. Ni siquiera podemos afirmar con certeza que puedan adscribírsele las novelas de Sade, Diderot o Voltaire. Lo que, en la literatura anterior a Balzac — si es lícito cifrar en este nombre el inicio de la narrativa contemporánea — sentimos como próximo al que estaba llamado a ser el más tardío de los géneros literarios, es básicamente — desde Murasaki a Fielding o Cervantes — narración de hechos y descripción de costumbres. Aunque en lo que sigue deba, para ser breve, pagar tributo a la esquematización, espero que bastará con que apunte sumariamente que el desplazamiento del centro de interés del escritor desde el relato de sucesos hacia la psicología y, paralelamente, hacia el estilo, hacia la propia escritura — me refiero evidentemente a la línea que va de Stendhal a Flaubert — marca, a la vez que la efímera plenitud del género, los antecedentes de su superación, una superación que, retrasada en algunos decenios por la regresión que supuso el movimiento naturalista, se hacía ya presente en la madurez de James o en Svevo, y que, en Joyce, Mann o Proust, será del todo palpable. *Ulises, A la recherche du temps perdu* o *Docktor Faustus* son novela y crítica de la novela, y aún más que novela: ensayo, poema, mito, cuerpo de pensamiento. La «historia» no es ya en ellos el elemento organizador: antes que relato son escritura, «discurso». En la siguiente fase de la evolución — cuyas dos obras inaugurales son para quien esto escribe, *Finnegans wake* y *La muerte de Virgilio* — la autonomía y el imperio del discurso son totales. Significativamente, ni una ni otra de las dos obras que acabo de citar se explican sin el *Ulises,*[11] y ambas han permanecido aisladas como experiencias únicas, hasta época muy reciente. Sin embargo, su simple existencia, y más aún aquello de que ésta era síntoma — la consecuencia última de la evolución del género narrativo — convertía a la novela entendida como «historia» en algo tan anacrónico y propio de un período ya muerto como el poema épico renacentista, la tragedia neoclásica o la fábula grata a

---

11 Respecto al caso de Broch, véanse las apreciaciones del propio escritor en «Remarques à propos de *La mort de Virgile*», incluido en *Création littéraire et connaissance,* Gallimard, París, 1966.

los autores dieciochescos. Puede decirse que, con independencia de los logros que pueda alcanzar en el plano estético, la novela que se escriba hoy, ignorando lo que acabamos de exponer, representará la simple supervivencia de una época pasada.[12] *Señas de identidad, Reivindicación del conde don Julián* y *Juan sin Tierra* ilustran de modo admirable el proceso de una conciencia cada vez más aguda y lúcida de este hecho y un enfrentamiento cada vez más exigente y radical con los imperativos que ello conlleva para el trabajo de un escritor responsable en nuestro tiempo.

Señas de identidad y *Reivindicación del conde don Julián* son dos novelas que transcurren en el presente. Pero cuanto ha ocurrido en ellas pertenece al pasado. El presente es inmóvil, paralizado, estático; nada puede ocurrir en este tiempo circular, en esta pesadilla monótona. Los sucesos de *Señas de identidad* son íntegramente retrospectivos: en el momento actual, no se produce sino una acción frustrada — el documental que hubiera debido rodarse en Yeste — y una inmovilidad rencorosa y atónita — Álvaro, Dolores y sus amigos en la casa familiar —. En *Reivindicación del conde don Julián*, segundo paso de la evolución (y segunda versión, corregida y metaforizada, de *Señas de identidad*), un único suceso erigido en símbolo y metamorfoseado — la experiencia infantil con el guardián de las obras — gravita sobre un presente tantálico, poblado tan solo por el impotente desvarío de Álvaro. No hay progresión, y la certeza de que no es posible que la haya convierte en un infierno al encapsulado reducto donde halla sepulcro y matriz el narrador.

En *Señas de identidad* existe aún historia; *Reivindicación del conde don Julián* es íntegramente discurso. *Señas de identidad* cierra una etapa, con la obra maestra que en esbozo se prefiguraba en ella: la experiencia de Álvaro y Antonio resume y supera — y, en cierto modo, elimina, al formularlo en el plano estético más justo — el contenido de *Campos de Níjar* o *Fiestas, La resaca* o *Para vivir aquí*. La excursión de Antonio y Dolores, en el pueblo donde aquél se halla confinado, hacia las almadrabas, remite al primer relato de *Fin de fiesta;* el episodio en que Álvaro solicita entrar en la biblioteca mu-

---

12 Así, Juan Goytisolo, en un fragmento de entrevista por Julio Ortega publicado en el número de *Plural,* citado en la nota 10, declara: «De hecho, las únicas obras «novelescas» que me seducen son las que obedecen a una elaboración nueva y audaz: aquellas en que la imaginación creadora del escritor no se manifiesta solamente si se toma como punto de referencia la realidad exterior, sino, sobre todo, el lenguaje.»

nicipal de un inhóspito pueblo andaluz parece salido de las páginas de *Campos de Níjar*. No menos estrecho es el parentesco entre *Señas de identidad* y *Reivindicación del conde don Julián*. En la primera novela, Álvaro asiste, con una especie de desesperación silenciosa, a los ceremoniales irrisorios y lúgubres de su pasado. *Reivindicación del conde don Julián* desplaza el escenario a la conciencia del protagonista. En rigor, cuanto sucede en esta obra es proyección o correlato objetivo de un estado de ánimo, y en este sentido *Reivindicación del conde don Julián* se aproxima al poema. Existe, al respecto, una tendencia iniciada en *Señas de identidad*, que se generaliza en *Reivindicación del conde don Julián* y parece indicar el camino de *Juan sin Tierra*. Me refiero a las reapariciones o temas o *leitmotiven* que, sin funcionalidad visible, si nos situamos en el plano de la historia, tienen por objeto subrayar la unidad del discurso. En *Señas de identidad* la presencia de estos elementos se halla aún relegada a un segundo término, mas no por ello dejan de ser perceptibles. Así, la exclamación catalana «mira quin parell» que, en el primer capítulo de la obra, refieren los milicianos a Alvarito y su institutriz cuando —parodiando, por cierto, un episodio de la infancia de Teresa de Ávida— éstos salen a la busca del martirio por las calles de la Barcelona de 1936, reaparecerá en el capítulo final, perdida entre el *assemblage* de frases pronunciadas por la multitud de indígenas y turistas en el mirador del castillo de Montjuïc. A pesar de que, por su heterogeneidad lingüística, este elemento forme contraste con el contexto, sería temerario esperar que lo reconozca un lector que no haya abordado la obra precisamente con el designio de aislar este género de procedimientos o haya puesto en su lectura una atención minuciosa y casi microscópica. La funcionalidad de la reaparición es, pues, interior a la obra; visiblemente, Álvaro la retiene, pese a su trivialidad, entre el parloteo de la muchedumbre reunida en Montjuich, precisamente porque hace eco a la que, de aquel día de su infancia, le quedó en la memoria. A una intención análoga responde en mi opinión el hecho de que en *Reivindicación del conde don Julián* el verso de Manuel Machado «siempre de negro hasta los pies vestido» se refiera por un igual, casi textualmente, a personajes tan distintos en apariencia como Álvaro Peranzules (Figurón) — «todo de negro hasta los pies vestido» — y Alvarito — «siempre de negro hasta los pies vestido» —. Pero conviene detenerse en este punto. Porque, si en el caso de *Señas de identidad* el reconocimiento de la frase por parte del lector podía dejar de producirse, es inevitable, o casi, que se produzca, dada la singularización y notoriedad de la cita de Machado, en el ejemplo que acabamos de ver. Su función no puede ser sino identificativa, y viene a subrayarla el hecho de que Álvaro sea el nombre de pila del niño y de Figurón. A primera vista, tal identificación no es operante, e incluso se diría que contradice el sentido de la narración. Sin embargo, justamente es capital en la medida en que *Reivindicación del conde don Julián* se asemeja a un desfile de disfraces de transformismo que, bajo diversas caracterizaciones, nos ofreciera un solo actor. Proteo o Frégoli. Así, el muchacho tangerino que guía al protagonista se transforma en Alvarito; y el guardián de las obras en el encantador de serpientes del zoco, y Séneca en el escritor español convencional y luego en el alcahuete callejero de Tánger, y la turista americana (Putifar) en la mulata de *Operación Trueno*, y en la vendedora de flores amante del guardián de las obras, y en Isabel la Católica, la cual, madre primero de Séneca, es luego su hija, y finalmente madre de Alvarito. Estas sucesivas reencarnaciones o transmigraciones que, al modo de las proyecciones de una linterna mágica, no ocultan del todo en cada nueva imagen la dispar identidad de la superficie lisa que recubren, tienen una función análoga a la que, por caminos muy diversos, hallamos en el Benet de *Volverás a Región* y *Una meditación*, quien se complace en narrarnos versiones contradictorias de un mismo suceso o en jugar con la personalidad de los figurantes (así, las distintas versiones, casi caricaturescas, del nombre del profesor Rumbal, en la primera de las novelas citadas). En ambos casos, lo que se nos narra es la postración moral que sucede al baño de sangre: desde el fondo de la caída, los sucesos se confunden, y unos equivalen a otros en la trágica mascarada del recuerdo o de un presente fantasmal.

Unos personajes llaman a sus dobles y unos bloques de imágenes o estilemas prosiguen su encadenamiento en los que los reemplazan. Así, Jerónimo, el jornalero, perteneciente al *maquis*, que trabó furtiva amistad con Alvarito al principio de *Señas de identidad*, es el árabe con quien luego Álvaro tendrá un fugaz encuentro erótico en la misma novela, y es también Tariq, y el guardián de las obras, y, por consiguiente, el encantador de serpientes del zoco. Y el estólido Premio Planeta que irrumpe en el café de madame Berger, en *Señas de identidad*, es también el becario de la fundación Al Capone, en *Reivindicación del conde don Julián*, y, por tanto, Álvaro Peranzules, Séneca, y el alcahuete tangerino, y el perfecto caballero cristiano. Del mismo modo, la división en estratos geológicos de los exiliados españoles que concurren al café de madame Berger en *Señas de identidad* halla su correspondencia en la descripción de las capas de la sociedad tangerina al principio de la secuencia de *Reivindicación del conde don Julián*, que empieza «la vida de un emigrado de tu especie...», y la metáfora antiheroica de la invasión de Europa por las huestes de emigrantes españoles que parecen repetir en un negativo degradado las expediciones de los conquistadores, desarrollada extensamente en el capítulo quinto de *Señas de identidad*, se halla presente de nuevo en *Reivindicación del conde don Julián*, donde los vendedores ambulantes rehacen *à l'envers* la imagen tópica del desembarco de Colón («repitiendo, a la inversa, la antigua proeza de vuestros nautas: gachupines surgidos de colombina nao frente a los aturdidos siboneyes»).[13]

Las estructuras de *Señas de identidad* y *Reivindicación del conde don Julián*, pese a coincidir en algunos puntos importantes, son, en lo esencial, distintas y aun antagónicas. Ninguna de estas obras recurre a la exposición lineal, y en ambas son constantes los *flashbacks* y acciones entrecruzadas o contrapuntadas. Pero este procedimiento, que en *Señas de identidad* se aplica a grandes bloques de discurso, a unidades estilísticas mayores o, para ser más precisos, a lo que Riffaterre[14] denomina macrocontexto, concernirá, en *Reivindicación del conde don Julián*, a elementos del microcontexto. Hemos visto la metáfora burlesca de la imagen degradada de la expansión imperial española — que concierna a las Indias o a Europa es dato accesorio — perdida en unas cuantas lineas de *Reivindicación del conde don Julián* tras enseñorearse de varias páginas en *Señas de identidad*. Del mismo modo, un paralelismo como el que se establece entre los días de revuelta de Yeste en el pasado y el encierro taurino en el presente — paralelismo que alcanza su punto de mayor convergencia cuando la imagen del capote de brega suplanta a la de la bandera roja —, requerirá todo un capítulo de *Señas de identidad* para sernos expuesto, mientras que elementos de esta índole, y con frecuencia mucho más complejos y ambivalentes, proliferarán entrelazándose en cualquier página de *Reivindicación del conde don Julián*, libro

---

13 Escribe Juan Goytisolo en el ensayo citado en la nota 3: «Si, por ejemplo, la emigración reciente de un millón y medio de españoles a los países industrializados de Europa Occidental es un episodio evidentemente dramático... comparada, demos por caso, a aquella otra de mercenarios y soldados por tierras de Alemania y Flandes en tiempos en que en nuestros dominios no se ponía el sol, nos sugiere un conjunto de reflexiones irónicas que son como el negativo fotográfico de una misma realidad compleja y única.»

14 En *Essais de stylistique structurale*, Flammarion, París, 1971.

concebido como un complejo sistema de diapasones y cajas de resonancia. Solo en el capítulo final *Señas de identidad* empezará a acercarse a la concepción totalizadora, hecha del constante equilibrio de atracción y repulsión entre diversos niveles simultáneos, que caracteriza a *Reivindicación del conde don Julián*. Por otra parte, diríase que en *Señas de identidad* se hallan aún solo apuntados, parcialmente enmascarados, algunos temas que en la obra siguiente habrán de hacerse explícitos. Hemos visto la evolución de un personaje arquetípico desde el Jerónimo del capítulo inicial de *Señas de identidad* hasta el guardián de las obras de *Reivindicación del conde don Julián*. En términos más generales, es lícito decir que *Señas de identidad* es todavía de modo casi exclusivo una novela política, en la que los elementos anecdóticos que no conciernan de cerca o de lejos a esta actividad aparecen relegados a un papel relativamente secundario (a excepción de la historia de la burlada madame Heredia, tangencial a la vida del protagonista), mientras que, en *Reivindicación del conde don Julián,* lo esencial es la psique del personaje único y múltiple. Esta psique aparece traumatizada por un pasado alienador, pero lo más característico de *Don Julián* (y éste es el punto donde Goytisolo da el salto que convierte a esta novela en una de las obras maestras de la literatura española de todos los tiempos, a la vez que en la más radicalmente subversiva) es el hecho de que en ella todo confluye: la sexualidad, la religión, los impulsos sadomasoquistas, la obsesión española — y ésta no referida ya únicamente al régimen político franquista: el fantasma que acecha a Alvarito-Julián está hecho de todas las Españas superpuestas, y todas han de ser asoladas por las huestes de Tariq. Esta España policéfala es la infancia de Alvarito, y es su educación religiosa, y es su erotismo: la experiencia amorosa con el guardián de obras-Tariq-el encantador de serpientes, es ante todo *transgresión:* de credo, de raza, de código sexual, de habla, de estratificación social. Es en este sentido, quizá, donde Juan Goytisolo se revela más profundamente heredero de Cernuda, cuyo magisterio ha invocado en diversas ocasiones. Son plenamente aplicables a *Reivindicación del conde don Julián* las observaciones que ha hecho recientemente Octavio Paz a propósito de su descubrimiento de Cernuda: «Mi lectura de *La realidad y el deseo,* en plena guerra de España, fue decisiva porque en esa atmósfera de incendio y de lucha escuchaba una voz profundamente individual, en la cual la subversión moral se unía a la subversión poética y era imposible identificar a la revolución social con la subversión poética. El poeta iba más allá, traspasaba, diríamos, la lucha revolucionaria y me mostraba otro mundo. Me di cuenta de que había una rebelión más profunda y esa rebelión es... la rebelión del cuerpo.» [15] En *Reivindicación del conde don Julián*, finalmente, habla el cuerpo, proscrito de la literatura castellana de España desde Rojas, quizá desde Delicado. En este aspecto, y aun en otros, *Reivindicación del conde don Julián* se sitúa, quizá impensadamente, en la tradición surrealista: Álvaro-Julián es un heredero de los personajes de Sade, de Melmoth, de Maldoror.

Tras la primera intervención coral de las Voces, *Señas de identidad* se abre con un relato en segunda persona del singular que, cuando la acción que se narra aparece protagonizada por Álvaro, será la forma verbal dominante en el libro. Aunque los precedentes de tal procedimiento no faltan, la concurrencia de este rasgo con otro no menos típico de la escritura del poeta sevillano — el empleo del «tal» comparativo — me inclinan a suponer que en ello ha podido tener parte el precedente poético de Cernuda. El primer capítulo de *Señas de identidad* viene básicamente vertebrado por la contemplación de las fotos del álbum familiar que, llevada a cabo por Álvaro, suscita diversos *flashbacks* de su pasado. Álvaro parece haber nacido en 1929, puesto que las *Historias de niños mártires* le fueron regaladas por su institutriz con ocasión de su séptimo cumpleaños, y fueron su lectura en los meses que precedieron al estallido de la guerra civil; pero cuando, en un tramo posterior del mismo capítulo, Alvarito es llevado a visitar a su abuela en fecha posterior a la terminación del conflicto, posiblemente en octubre de 1939, sabemos que tiene nueve años, lo cual sitúa su nacimiento en 1930. La relativa ambigüedad es, en una novela que, como la siguiente, se distinguirá por el minuciosísimo cálculo de elementos — hemos visto el ejemplo de la reiteración de «mira quin parell» — indudablemente querida por el autor. Dos datos centran el recorrido a lo largo del álbum: la evocación de fragmentos de la infancia de Álvaro — con dos episodios capitales: Alvarito y su institutriz en busca del martirio y la amistad de Alvarito con Jerónimo — y la presencia del pasado familiar en Cuba, la Cuba que, al divulgarse la nueva del suicidio de Hitler es, en frase de tío Eulogio, «un sitio tranquilo» donde «no hay peligro de revoluciones ni de guerras». Se apuntan también otros temas — el síncope de Álvaro en el boulevard Richard Lenoir, que marca el

---

15 Cfr. OCTAVIO PAZ-JULIÁN RÍOS, *Solo a dos voces*, Editorial Lumen, Barcelona, 1973.

momento de crisis de su relación con Dolores; el deterioro que los años han ejercido sobre los amigos de la primera juventud de Álvaro — y las Voces intervienen otra vez, ahora en el plano retrospectivo, para, en una perorata que parece situarse en 1944, dar las razones de su mimetismo falangista y su adhesión al gobierno de Burgos. Sin embargo, lo esencial del capítulo es, por una parte, el relato de la relación con Jerónimo, y por otra, la superposición del actual vistazo al álbum, al recuerdo de una ocasión anterior en que Álvaro interrogó a esas mismas fotos con el propósito de hallar en ellas el antecedente a su rebelión, a lo que le hace sentirse escindido del árbol familiar y apelar a los excluidos, a los proscritos («Los malditos y parias de siempre [gitanos, negros, árabes instintivos y bruscos]»), en la primera aparición del tema islámico, que será central en *Reivindicación del conde don Julián* y *Juan sin Tierra*. Dos, por lo menos, de los antecesores familiares de Alvarito participan de su condición de marginado: el tío Eulogio — que pobló la infancia del personaje con la obsesión de los *khirguises* — y la abuela a la que visitó en 1939. Ambos terminaron sus días recluidos en centros psiquiátricos, manifestación extrema de la acción neurotizante del contexto español sobre quienes escapan a sus constantes [16] que hallaremos también en el personaje solitario y extraviado con quien Antonio tropieza en su vagar por el pueblo donde se le confinó. (Esta fascinación por el mundo de la demencia reaparecerá también en el loco que figura en *Reivindicación del conde don Julián*, «plantado en la entrada de Cristianos, entre la terraza del café Tingis y Les Aliments Sherezade.»)

La llegada de Antonio con la noticia de la muerte del profesor Ayuso (trasunto del historiador catalán Vicens Vives, uno de los escasos representantes de la mentalidad liberal en la Universidad española de posguerra) ha puesto fin al primer capítulo. Del mismo modo que éste había tenido por hilo conductor la contemplación del álbum familiar, el segundo hallará su eje en el entierro de Ayuso. En *Señas de identidad*, Goytisolo no hará casi nunca discurrir al-

---

16 Escribe Juan Goytisolo en «La actualidad de Larra», ensayo recogido en *El furgón de cola*: «El problema que se plantea a un intelectual español dotado de sensibilidad social como Larra es, pura y simplemente, el de no enloquecer. Un día habrá que estudiar bajo este aspecto la vida de algunos de nuestros hombres ilustres y descubriremos que muchos gestos, en apariencia inexplicables, resultan claros en cuanto los consideramos como reacciones de defensa o abandono frente a la invasión de la locura.»

ternadamente sino dos niveles de sección temporal, ocasional y fugazmente tres: por lo común es la estructura presente-pasado, referida a dos segmentos temporales concretos, la que nos da el *pattern* o patrón narrativo. Habrá que esperar al último capítulo de *Señas de identidad* para que esta figura de relato empiece a disolverse, y a *Reivindicación del conde don Julián* para que lo característico de la obra sea la simultaneidad disruptiva de una superposición de niveles temporales mutuamente excluyentes.

La descripción del entierro de Ayuso se inicia, a través de la metáfora descendente del hormiguero, con la visión de las barracas de Montjuïc, que remite al mundo de *Fiestas* y *La resaca*, y los panteones burgueses del cementerio, en paralelismo con las mansiones residenciales de quienes edificaron unos y otras movidos por el mismo gusto *kitsch*. El núcleo fundamental del capítulo será el relato retrospectivo de la amistad entre el aún adolescente Álvaro y el provocador, anarquizante y finalmente aburguesado Sergio, un personaje que se diría procedente de *Juegos de manos*. (*Señas de identidad* es, en cierto sentido, como indicamos antes, una *summa* de motivos anteriores de la novelística del autor, que alcanzan aquí su más cabal formulación.) Terminada la rememoración de Sergio, el contrapunto del entierro de Ayuso con episodios del pasado, proseguirá en la evocación de la huelga de 1951 y en la visita a un antiguo dirigente catalanista. El capítulo se cerrará con la contemplación de las tumbas de los proscritos — Ferrer Guardia, Durruti, Ascaso — y una alusión a la de Companys, que será mostrada de matute a Álvaro en el último capítulo del libro.

El tercer capítulo se centra de modo casi exclusivo en Yeste. En un hoy degradado, donde Álvaro intenta realizar su fallido documental, las huellas del pasado revolucionario se han esfumado, y quienes lo recuerdan se refugian en el silencio furtivo. La construcción del pantano, la ulterior sublevación popular ahogada en sangre — narrada en contrapunto con la fiesta embrutecedora del encierro en 1963 —, la muerte del tío Lucas y del padre de Álvaro conducen al estólido presente donde se repite en sentido inverso el patético éxodo de 1939 — la estulticia turística acude al país de donde huían los derrotados —, mientras que en el pueblo — preanunciando la importancia del tema de la tabuación ibérica del sexo femenino en *Don Julián* —, las muchachas «ondeaban el cuerpo con su virginidad recoleta y preciosa tenazmente defendida como un sagrario». Tras una fugaz estampa de la jornada en que llegó a la localidad del Midi, donde se hallaba refugiada la familia de Álvaro (como antes de la

muerte de su padre), la noticia del fin de la guerra, el capítulo termina situándonos nuevamente, con Álvaro y Dolores, en la casa familiar donde se había iniciado la acción de la obra.

A lo largo del cuarto capítulo, se nos da cuenta principalmente
del momento en que se produce la divergencia, la escisión entre la
vida de Álvaro — salido de España en 1952 — y la de sus compañeros de generación. Alternando la tercera persona — en los sucesos
no vividos por Álvaro — y la habitual segunda persona en los que
a él conciernen, una estructura quizá más compleja que las que habían aparecido hasta ahora contrapone el Diario de Vigilancias de
los miembros de la Brigada Social que siguieron los pasos de Antonio — Diario leído por Álvaro, Dolores, Ricardo y Artigas en la casa
familiar — con el relato del confinamiento de Antonio, tras su detención y prisión, en su pueblo natal, y posteriormente con los inicios
de la experiencia parisiense de Álvaro. Paralelas, la vida de Antonio
en el pueblo y la de Álvaro en París (aunque no sean simultáneas:
cuando se produce el confinamiento de Antonio, sabemos que Álvaro se halla en Cuba), se revelan igualmente traumatizantes y estériles. Dentro del *flashback* del confinamiento de Antonio se producen
otros dos *flashbacks:* la anterior estancia de Antonio en el pueblo con
Álvaro y Dolores con el propósito de rodar un documental sobre la
emigración y la tentación del suicidio experimentada por Álvaro en
las horas que precedieron al síncope del boulevard Richard Lenoir,
suscitada esta última por la evocación del suicidio del padre de Antonio.

El quinto capítulo se inicia, en tercera persona, relatando la estancia de Álvaro en París. El primer tramo contiene la metáfora descendente de la ola migratoria contrapuntada a las pasadas gestas de
los españoles en América. Todo el capítulo contrapondrá, como el
anterior, la vida de Antonio en el pueblo y la de Álvaro en París, dos
formas de agitación estéril: la de los exiliados españoles agrupados
en la órbita del café de madame Berger — que alcanza la cima de
lo trágicamente grotesco en el abortado mitin presidido por la ora-
toria fantasmal y trasnochada del doctor Carnero — y la actividad
política clandestina de los amigos de Álvaro en Barcelona (la manifestación fracasada, la recogida de firmas). Confluyen con estos dos
motivos centrales secuencias como el interrogatorio policial de Enrique, el nuevo coro de las Voces que condenan la rebeldía política
de los vástagos de familias pudientes, la abyecta conversación del
ufano Premio Planeta con los españoles de París, los subdesarrollados
escarceos galantes de éstos o la visita a Enrique, detenido en Cara-

banchel. Las dos secuencias finales convergen en su propósito: el olvido. Nadie acude ya a Paracuellos del Jarama, y el *clochard* que cree haber combatido por la República afirma que su general era Queipo de Llano: los bandos se confunden y un pasado borroso anula la pesadilla que obsesiona la vida de Álvaro y sus compañeros.

El capítulo sexto es, en la dinémica de la novela, el destinado mayoritariamente a la vida privada. Con un solo inciso, muy importante por lo demás, en otro orden de expediencia erótica — el encuentro con el árabe —, lo fundamental de este capítulo está dedicado a exponer la evolución de la relación amorosa entre Álvaro y Dolores, su conocimiento en la pensión de madame Heredia, el diálogo tras el síncope del boulevard Richard Lenoir, la crisis de Ginebra, el pasado suicidio y ruina del tío Néstor, que se superponen al momento actual de la existencia de Álvaro. En la última parte del capítulo, volvemos a Cuba: la religión cristiana aparece confundida con la sexualidad y el ritual vudú, de acuerdo con un proceso de desacralización, o, mejor, de contaminación y profanación, que anuncia *Reivindicación del conde don Julián*. Una visión, en la barcelonesa calle del Conde del Asalto, de una estampa perteneciente a la eterna «España de charanga y pandereta», cierra el capítulo.

Abierto por una nueva intervención del coro de las Voces, que proclaman sumisas y exultantes las virtudes taumatúrgicas del *boom* turístico, el séptimo capítulo será el último que se destine al relato. En la edición de 1966, la novela también comprendía un episodio hoy suprimido que narraba la estancia de Álvaro en la Cuba de Castro, y lo esencial que en el equilibrio de los componentes de la novela contenía este tramo ha sido fragmentadamente incorporado en los lugares que hemos visto. La primera parte del capítulo séptimo narra, en contrapunto con el relato autobiográfico, en primera persona y en cursiva, de un obrero que relata su vida de desheredado, la decisión de Álvaro de rodar un documental sobre la emigración, a lo que sigue su redescubrimiento de los hombres y las tierras del sur — con el episodio de la visita frustrada a la desafectada biblioteca pública — y su amistad falaz con los desposeídos a quienes, tras dispensarles inicialmente ayuda, irá luego rehuyendo progresivamente.

El último capítulo de la obra no aporta, con la sola excepción del breve y burlescamente alegórico episodio retrospectivo del descendiente bastardo de la dinastía de los Mendiola, que desembarca sorpresivamente en el puerto de Barcelona en los años cuarenta, ningún dato que suponga información nueva en el terreno de la anécdota. Desde el mirador de Montjuïc, Álvaro contempla Barcelona, y esta contemplación — en la que se entrecruza el *collage* de conversaciones, de textos de divulgación turística sobre la ciudad, de documentos históricos, con la rememoración del ritual vudú, convertido en metáfora — cerrará el libro al polarizar sus diversas zonas en un solo conflicto que da razón de todo lo anterior: Álvaro enfrentado a su ciudad, es decir, a su país. (Si prescindimos de los otros niveles alternados de discurso, la frase final del libro resume así el destino del protagonista: «deja constancia, al menos, de este tiempo, no olvides cuanto ocurrió en él, no te calles / alguno comprenderá, quizá, mucho más tarde qué orden intentaste forzar y cuál fue tu crimen».)

La situación final de *Señas de identidad* es la situación inicial — y única — de *Reivindicación del conde don Julián*. Álvaro ha sido proscrito por los suyos, rechazando, relegado a una ciudad — *«plutôt repaire de traîtres»*, según la cita de Jean Genet que encabeza el primer capítulo — y en ella maquina sus proyectos. Soledad: exclusión. Hemos dicho que el tiempo de *Reivindicación del conde don Julián* era circular: un presente inmóvil, como, en el *Viento entero* de Octavio Paz, «el presente es perpetuo». Pero no con la transparente fijeza retiniana de la osamenta de los montes cuya blancura preside los versos de Paz, sino con la puntualidad laboriosa del pozo y el péndulo de Poe. Es el instante detenido que precede a la aniquilación de una conciencia.

Reivindicación del conde don Julián parece transcurrir a lo largo de una jornada: se inicia con el despertar de Julián y se cierra en el momento en que éste, de regreso por la noche a su casa, concilia el sueño. Dividido en cuatro largos capítulos, cada tramo de su exposición emite temas e indicios destinados a reaparecer y conjugarse con otros en su debido momento. El capítulo inicial se abre, en la segunda persona a que *Señas de identidad* nos había acostumbrado ya, con los primeros instantes que el protagonista rescata para la vigilia. El período es sincopado, y en el interior de cada secuencia no aparece prácticamente otro signo de puntuación que la coma y los dos puntos, estos últimos empleados sistemáticamente para separar — y al propio tiempo vincular en una vasta cadena — a los párrafos. Aparecen fragmentos versales (endecasílabos: «agrestes matorrales, zarzas, greñas», «en su difícil estructura hirsuta»; alejandrinos: «demorándote en ella sin temor a asfixiarte») con algún hipérbaton de intención paródica y con recuerdo no infrecuente de figuras clásicas de dicción («tierra muerta, quimérico mar», «teológico bastión, gruta sagrada»). El libro se inicia con una disertación, en la jerga de los boletines meteorológicos, en torno a las peculiaridades climatológicas de España, revestidas de tácitos atributos simbólicos que se explicitan en la imagen de la patria como matriz devorante a la que el protagonista, en su duermevela, logra angustiadamente sustraerse al conseguir en un supremo esfuerzo la lucidez del despertar que conjura la visión. Tras una alusión brevísima a la «versión psicoanalítica» («Caperucito Rojo y el lobo feroz») del célebre cuento de Perrault, «con mutilaciones, fetichismo, sangre» — primer anuncio del gran momento emblemático del libro, la relación con el guardián de las obras cuya exposición culminará en el cuarto capítulo —, el protagonista se levanta, descorre la persiana y, al tiempo que el paisaje, nos descubre el decorado de su habitación. La primera aparición de la imagen arquetípica de don Julián y el primer anuncio de la invasión moral cierran la secuencia.

En la calle, el afilador, los juegos de los muchachos que golpean a un gato (más tarde será una gallina el objeto de la violencia infantil). Metáfora ascendente esta vez: la mortandad matutina de insectos que han sucumbido durante la noche al insecticida — y que Julián recoge, luego sabremos con qué fin —, superpone su cataclismo a la devastación de Pompeya por la lava. Asistimos, en la secuencia siguiente, a la descripción por capas de la sociedad tangerina, y la presentación de dos tipos de su estrato más bajo — el mendigo y el sablista — el segundo de los cuales, en particular, reaparecerá de modo recurrente a lo largo del libro. Tras una disertación paródica en torno al desarrollo español —, paralela a la que encontrábamos al inicio del penúltimo capítulo de *Señas de identidad* —, el paso de una española introduce el tema del sexo femenino como «gruta sagrada» de la que quienes la contemplan se sueñan «imaginarios espeleólogos de la cripta, de las cavidades recónditas» — anticipación del tema, que aparecerá posteriormente, del viaje por el interior de la vagina —. De esta imagen pasamos a la del pasquín que anuncia el filme de James Bond *Operación Trueno* — nuevo indicio que se desarrollará más tarde —, y, tras un remedo de los *slogans* de la prensa oficial española que recuerda algunas intervenciones de las Voces en *Señas de identidad,* a través de las calles tangerinas — donde campea, en francés, el reclamo que pide donantes de sangre —, el protagonista acude al establecimiento farmacéutico en el que — superponiendo esta escena al recuerdo infantil del insecto amenazado por el artrópodo — recibirá una inyección de penicilina.

El siguiente tramo de la novela se desarrolla en una biblioteca pública. Julián (llamaremos así, para simplificar y no porque ello sea exacto, al inidentificable protagonista) lleva a cabo en ella su primer acto de *profanación:* inserta en diversos volúmenes de autores clásicos castellanos sendos cargamentos de insectos muertos procedentes de su cosecha matutina. El episodio viene preparado por un extenso repaso a los tópicos de la vida literaria española, desde los mitos de la generación del 98 — a la que Goytisolo se ha acercado más de una vez [17] desde una perspectiva crítica — hasta la subliteratura de Corín Tellado (cuya polarización en torno a la castidad de las heroínas permite introducir de nuevo el tema de la virginidad tabuada), pasando por el «figurón» o escritor oficial, que ya conocíamos por el premio Planeta de *Señas de identidad* y que en *Reivindicación del conde don Julián* reencarnará en el Figurón por antonomasia, don Álvaro Peranzules, cuya constitución coriácea nos es preludiada en la presentación de los autores «fósiles, crustáceos, dermatoesqueléticos».

De nuevo en la calle, Julián — asediado por la recurrencia del pasquín que anuncia el filme de James Bond y por la placa de «Don Álvaro Peranzules, abogado» — se refugia en el mundo árabe. Reaparecen los anuncios pidiendo donantes de sangre, y la voz oída en un transistor pone en comunicación mediante un *calembour* el título del ballet chopiniano *Las sílfides* con la sífilis, causa del tratamiento de penicilina a que se somete el protagonista. Mientras se insinúan o reiteran otros temas — los «sagrarios bien guardados» de las mujeres españolas, la barca de Carón, que prepara el episodio virgiliano del descenso al averno, que habrá de entrecruzarse con el viaje vaginal —, Julián se interna en el zoco, donde, tras la aparición majestuosa de un mendigo, se produce la primera toma de contacto con el grupo de turistas americanos entre los que se destaca la mujer que será luego Putifar. A través de un laberinto de calles — en un recorrido que le permite presenciar la muerte del gallo acosado por los niños y cuya sangre es lamida por un mastín negro — Julián se cruza con un loco, vislumbra de nuevo el pasquín de *Operación Trueno,* alude por primera vez, a la vista de un probable homosexual, al tema del retrete y al de la alcahuetería, y termina recalando en un café donde, ante el acecho de Figurón deseoso de trabar amistad, se refugiará en una absorbente lectura de los anuncios del periódico

---

17   Cfr., por ejemplo, «La herencia del 98 o la literatura considerada como una promoción social», en *El furgón de cola.*

español cuyo texto será utilizado luego en el relato, protagonizado por Alvarito, del cuento sádico de Caperucito Rojo. Huido del café ante el amago de conversación por parte de Peranzules, Julián entra en el retrete, donde la inscripción «Con los niños el látigo es necesario» y el acto de orinar, de proyectar «el rubio desdén fluido» sobre otra persona (alguien a quien no ha divisado en la oscuridad) anuncian, aún en sordina, el *flashback* del episodio infantil con el guardián de las obras.

Precedido por un muchacho que a la salida del urinario se ofrece a servirle de guía por el laberinto tangerino, el protagonista presencia el cuadro metafórico de los niños tejedores, que reaparecerá con distinta funcionalidad en ulteriores pasajes del libro y, de nuevo en el zoco, y ante la usual exhibición del encantador de serpientes, varía en su imaginación la escena turística para suscitar el episodio de la muerte de Putifar, a la que sigue la profanación de su cadáver: los concurrentes orinan sobre él — vuelta al percance anterior en el retrete, que a su vez repite el recuerdo infantil referido al guardián de las obras — y precisamente en la «gruta», esto es, en el «sagrario bien guardado» del sexo (tema de la virginidad tabuada y del antro virgiliano).

Julián se encuentra solo, maquinando sus traiciones, su invasión de la península, pero por breve tiempo: en el café, se le presenta de nuevo su guía adolescente, pero ahora este guía es Alvarito, la mujer del fez rojo es la amante del guardián de las obras (y en consecuencia, Putifar) cuyo sexo se ofrece devorador al muchacho a quien invitará a internarse en él, y el encantador de serpientes — cuya culebra posee ya connotaciones fálicas, anunciando la sodomización de Alvarito — es el propio guardián.

Esquivando a mendigos y sablistas, mientras Bond, la donación de sangre y la frase alusiva a la flagelación de los niños estallan confundidos en torno a él, Julián penetra en el cine y presencia la secuencia del Carnaval de *Operación Trueno*. Bajo el raso, el sexo de la mulata halla su correspondencia en el virgiliano «antro femenino» al que se asimila la secuencia submarina del mismo filme que, tras descabezar un sueño, visiona el protagonista a continuación. A la salida del cine, el encuentro con Figurón es ya irreparable, y la conversación de éste, hecha de un *assemblage* de consignas falangistas y tópicos del 98, termina en la caricaturesca adoración del excremento de la capra hispánica, escena cuyo rigen y antecedentes, como tantos otros aspectos del libro, han sido estudiados de modo tan exhaustivo como esclarecedor por Linda Gould Levine en su estudio sobre nuestro autor.[18] Sustrayéndose al fin a la presencia de Figurón, Julián penetra en unos baños, que son al mismo tiempo la cueva polifémica — parte de su descripción está tomada de la gongorina *Fábula de Polifemo y Galatea* — y el virgiliano reino de las sombras, y, por tanto, también una imagen de la cavidad femenina. En este recinto, cuando el protagonista, relajándose, cierra los ojos, termina el primer capítulo de la obra.

El segundo capítulo se presenta en principio como una prolongación de la escena que cerraba el anterior, y en consecuencia como un sueño o visión del protagonista. Es éste el primer gran bloque donde cobran sentido y se organizan de acuerdo con un juego peculiar de atracciones y repulsiones los motivos que habían sido presentados con anterioridad. La escena infantil en la clase de Ciencias Naturales, con el escorpión cuyo aguijón da muerte al saltamontes, desemboca — a través del recuerdo del pinchazo de la penicilina, con el que ya antes se había relacionado — en la primera explicitación del episodio del guardián de las obras, que reúne el inicio del cuento de Caperucito Rojo — no desarrollado aún hasta su desenlace —, y el recuerdo de la conversación sorprendida en la infancia acerca de las relaciones entre el guardián de las obras y su amante, y que hace especial énfasis en el hecho de que aquél ha orinado sobre el hijo de ésta. Sabemos ahora que el niño, movido por la curiosidad, ha sorprendido parcialmente una escena erótica entre la pareja, y que la amante del guarda (Putifar) le ha mostrado su sexo, instando a penetrar en el interior de dicho «virgiliano antro». El niño huye, pero quien huye es ya Julián, el adulto, por el laberinto tangerino, dándose de manos a boca con el inmemorial sablista, para, de nuevo en la infancia, refugiarse en la iglesia, ante los exvotos, repitiendo las palabras de un sermón, presumiblemente oído en los Ejercicios Espirituales del colegio, sobre las funestas consecuencia de la lujuria (las enfermedades venéreas, como la que se trata Julián con penicilina) que harán su presa en el joven, como el mastín en la sangre de la gallina agonizante vista en las calles de Tánger, hasta hacerlo caer en el averno, esto es, en el antro de Putifar, quien es primero la mulata danzante y luego — inmóvil la escena, como fijada por la mirada del basilisco, alegoría del pecado — la turista americana mordida por el ofidio, del mismo modo que el inocente muchacho

---

18 *Juan Goytisolo: la destrucción creadora*, trabajo inédito en el momento de la redacción de este prólogo. Ed. Joaquín Mortiz, México, 1976.

por la lascivia, el insecto por las hojas voraces de la planta carnívora
y su víctima por la araña. Su culpa abruma al pecador ante el cama-
rín de la Virgen y el Niño: es el «explorador indigno del antro de
Putifar»: tal es la exacta magnitud de su falta.

Este dilatado y capital intermedio onírico se ve interrumpido cuando Tariq pide fuego al narrador, despertándole. Lo que sigue no es
menos decisivo: la biografía de Séneca, quien es al propio tiempo
el escritor latino — o, mejor, el clisé que de él perdura en España —, un torero Lagartijo o Manolete, un escritor del 98, el Ubicuo,
Álvaro Peranzules — hijo de Isabel la Católica —, Alvarito, niño vir-
tuoso, discípulo del filósofo estoico Lagartijo y también de Manolete,
bajo cuyas enseñanzas llega a adquirir la estructura dermato-esque-
lética de Figurón, y cuyos hechos memorables — desde la gesta del
Alcázar, que repite la de Guzmán el Bueno que es al propio tiempo el alcalde de Zalamea y Séneca, hasta las drásticas curas del doctor Sagredo, nueva encarnación del filósofo — culminan en su colo-
quio en Gredos con la capra hispánica, que es un compañero del
Tercio, y con su triunfante y carismática apoteosis nacional. Tras
estas dos grandes secciones — sueño de Julián y biografía de Séneca — el capítulo se cierra con una invocación al poder transfigurador
de la palabra: Julián, restituido al mundo árabe, vaticina la venganza
de la culebra, es decir, del sexo, sobre la secular represión ibérica.

El tercer capítulo se inicia con otra visión: Julián, camuflado, se
ha hecho morder por un perro hidrófobo, y acude al centro de donación de sangre para contaminar por esta vía a sus compatriotas. La
vindicativa exposición imaginaria de la venganza del proscrito no se
detiene aquí. Julián recluta, para caer sobre la península, huestes de
sarracenos, mientras los mitos del pasado hispánico se diluyen y meta-
morfosean en adláteres de la invasión turística. La sierpe — la del
encantador de serpientes, y también la de don Rodrigo, y también
el sexo — se yergue contra Santiago Matamoros. La invasión tendrá
lugar por etapas. Ante todo, la creación del paisaje à l'envers, algo
más drástico y profundo que una repoblación forestal: el paisaje de
Castilla — descrito mediante una sucesión de textos de escritores
del 98 — es arrasado, sus árboles talados y orinados (Julián vierte
sobre los álamos y olmos su «rubio y fluido desdén», como el guardián de las obras sobre el niño de antaño), sus montes allanados,
sus lugareños abatidos. Tras un intermedio — la visión de la actual
vida madrileña, al modo de El diablo cojuelo — se produce una excursión del protagonista por la barba y bigotes de Tariq. El fruto
prohibido es, en esta selva, la vulneración de la ortodoxia hispánica;

la ruptura con el Buen Decir, con el estilo académico, la transgresión de la sintaxis, equivale a la transgresión homosexual, Agazapado entre las asperezas pilosas, Séneca, en cuclillas, orina. Al ser descubierto, profiere un tímido «¡eh, que estoy aquí», como el invisible individuo oculto en la oscuridad del retrete sobre quien Julián orinó en Tánger. Rápidamente repuesto de su primer sobresalto, Séneca es sucesivamente un escritor oficial (y, de modo ocasional, el predicador antierótico de la infancia de Alvarito) y un alcahuete tangerino, para terminar cayendo al suelo y siendo aplastado por la babucha de uno de los asiduos del café donde suelen acudir el protagonista y Tariq.

Una nueva visita a la biblioteca, donde la putrefacción hace progresos, depara a Julián la descripción del perfecto caballero cristiano. Éste, a quien acto seguido Julián rinde visita, posee una «armadura ósea, mezcla híbrida de mamífero y guerrero medieval» y una hija — Isabel la Católica — que, inicialmente en penitencia y vestida de monja, lleva a cabo de pronto un *strip-tease* y se convierte en la mulata de *Operación Trueno*. Julián la flagela e invita a los turistas americanos a quienes había visto reunidos en el zoco de Tánger a una excursión por el interior de su vagina, que es también el averno virgiliano y la polifémica caverna gongorina. Esta excursión resulta a un tiempo metáfora de la prostitución turística y preludio de una nueva etapa de la profanación invasora: las huestes de Tariq se enseñorean del «sagrario» y violan masivamente a las mujeres. El lenocinio se generaliza y las hembras son ofrendadas a los invasores. Entre tanto, don Álvaro, que interminablemente recita fragmentos de sus clásicos, va descubriendo los insectos que Julián ha depositado en el interior de los libros sacrocantos y, ante cada hallazgo, acentúa un proceso de gradual desmoronamiento, hasta expirar ante la mirada de los niños tejedores de Tánger y el grupo de turistas reunido en el zoco. Su muerte suscita una procesión penitencial, pero ésta — del mismo modo que Isabel la Católica había procedido a un súbito *striptease* — se transforma de pronto, malévolamente, en la comparsería carnavalesca de *Operación Trueno*, y el encapuchado que antes cargaba con una pesada cruz de madera es ahora Julián, ataviado de moro y meditando estupros, y también el intrépido James Bond.

Tras la destrucción de la geografía y del caballero cristiano, la siguiente secuencia nos presenta la cacería de la capra hispánica y del propio «carpeto», envueltos en la «implicante telaraña» — «implicante» se ha referido también a las serpentinas del carnaval de *Operación Trueno* — tejida por el acecho de las huestes árabes de Julián, que ahora es definitivamente Ulyan, el traidor conde que vendió a la morería la España de don Rodrigo. Por último, la desposesión de los atributos de la España sagrada culmina en la entrada a saco en el lenguaje, que se arrogaban como reducto los seguidores del doctor Sagredo, cruce — referido a la gramática — del médico quevedesco (esto es, de Séneca) y el que en la Ínsula Barataria vela por la salud de Sancho Panza. De un lado, tres secuencias — mexicana, argentina y cubana — vulneran el mito de la inmutabilidad académica del habla castellana; de otro, la requisa de las palabras de origen árabe despoja al idioma — y, por extensión, a la realidad física del país, pues con las palabras se desvanecen de ella los objetos que designan — de una serie de elementos cuya ausencia, al tiempo que descubre las raíces árabes, con frecuencia silenciadas, de la cultura española, precipita y remata el proceso destructor emprendido por Julián.

El cuarto y último capítulo del volumen estará dedicado prácticamente en su integridad al pleno desvelamiento de las claves que sustentaban algunos mitos centrales de la disgregada conciencia de Julián. En tono paródico, el capítulo se inicia con el relato de la historia de Caperucito Rojo y el lobo feroz. Caperucito (la descripción de cuyos actos virtuosos coincide con la de los que en el segundo capítulo se atribuyeron a los años infantiles de Séneca-Alvarito Peranzules) debe llevar a su abuela unas torrijas: aquellas cuya receta leyó Julián en un periódico español cuando en el café intentaba sustraerse a las solicitudes amistosas de Figurón. Atravesando una urbanización descrita en otro anuncio del mismo periódico, Caperucito Rojo-Alvarito llega a casa de su abuela, cuya decoración coincide con la expuesta en idéntico lugar. Pero la abuela ha sido muerta, y quien espera a Alvarito y le invita a introducirse en la cama es el lobo: Ulbán (Ulyan-Julián), un moro bigotudo que, tras penetrarle con su culebra fálica, le dará muerte. Rectificación: la muerte no es tan brusca; el siguiente tramo, en verso, la asociará a los tormentos descritos en el sermón contra la lujuria.

El apólogo de Caperucito Rojo halla su *pendant* en la secuencia de que es metáfora, insertada a continuación. Se trata de un pasaje extremadamente complejo, fundamental en el libro. En segunda persona, el protagonista recuerda su infancia en los años inmediatamente posteriores a la guerra civil, que coincide en parte con la que de Álvaro Mendiola se os describió en *Señas de identidad*. El narrador se desdobla: él es el niño y él es también quien acecha al niño, esto es, el guardián de las obras, el cual, encarnación de las fuerzas transgresoras y de los impulsos reprimidos, resulta ser naturalmente don Julián, y, por lo mismo, el encantador de serpientes,

cuya sexual culebra está presta a amenazar al infante. El guardián
de las obras — es decir, una zona prohibida de su propia conciencia — ejerce sobre el niño la misma fascinación que Jerónimo sobre
Alvarito Mendiola, y Tariq sobre Julián adulto. Una fama ominosa
de crueldad le rodea. Se produce, día tras día, una sucesión de aproximaciones y escarceos entre el niño y la cabaña donde acechan el
guardián y su presentida culebra. Por fin, el niño llama y el guardián (es decir, él mismo) le abre la puerta. El niño es penetrado por
la culebra del encantador de serpientes, esto es, sodomizado por Bulián (Julián), el guardián de las obras. Ello inicia una relación de de-
pendencia entre el niño y el guardián, que, en un encuentro ulterior, pedirá dinero a aquél con las mismas palabras del sablista de
Tánger, y luego le flagelará, porque, como rezaba la inscripción leída
en el retrete tangerino, «con los niños el látigo es necesario», y
orinará sobre él, vertiendo el «rubio desdén fluido» que el relato oído
en la infancia atribuía al castigo infligido por el guardián al hijo de
su amante y con el que la fantasía de Julián ha visto profanar la
gruta de Putifar tras su muerte imaginaria por obra de la culebra
en el zoco. Las peticiones de dinero son cada vez más cuantiosas y
frecuentes, y el niño debe recurrir al hurto, que pasa inadvertido
a su madre, Isabel la Católica. El niño lleva una doble vida: la relación con Bulián le obliga a una constante impostura ante su familia,
y al objeto de evitar que sus hurtos despierten sospechas, prepara
las pruebas para que resulte acusada de ellos una fiel sirvienta. Resulta evidente, a partir de este momento, que la irrupción de Bulián
en la experiencia infantil es una imagen de la rebeldía. Bulián es la
escisión, la llamada de lo prohibido: el mundo de los proscritos por
el que ya se sentía atraído Alvarito Mendiola, el mundo de la sexualidad, que ha sido secularmente excluida de la vida española.
Bulián contagia al niño la sífilis, descrita en términos que proceden del sermón contra la lujuria. Finalmente, el niño, a instancias de
Bulián, se ahorcará, y, en este instante de suprema venganza, Bulián,
el niño y la culebra se reconocen como un solo ser: «tú mismo, al
fin único, en el fondo de tu animalidad herida».

La secuencia que acabamos de describir constituye, en cierto sentido, como es fácil advertir, el centro de la novela. Si nos situamos en
un plano anecdótico, admite varias posibles lecturas. Acaso la más
verosímil sea suponer que se trata de una fantasía emblemática y
compensatoria. En ningún momento del libro llega a describírsenos
pormenor alguno de la relación entre el protagonista y Tariq. Podemos, pues, inferir que la secuencia anterior es simplemente una

escena erótica, con ingredientes sadomasoquistas, entre Tariq y Julián adulto, y que éste la transfigura — haciendo confluir en ella un haz de temas obsesivos — y la proyecta imaginativamente sobre su infancia para profanar así una imagen cuyo recuerdo le resulta odioso. Inversamente, puede tratarse de un *flashback*, primer signo de los impulsos coartados en el protagonista por la sociedad que le rodeaba, y en este caso la experiencia de entonces se unifica con la de ahora en un solo movimiento liberador que permite a Julián recobrar su auténtico yo. En esta segunda hipótesis, Julián, situado en una perspectiva adulta y llevado de su tendencia a la aproximación a los personajes transgresores y marginales, se identificará, antes que consigo mismo, o simultáneamente, con el guardián de las obras. Adoptar una u otra lectura — y no son ciertamente las únicas que el texto consiente — sería tan poco relevante como en definitiva lo es el simple hecho de proponerlas: *Reivindicación del conde don Julián* no es historia, sino discurso, y su narrador, inidentificable, no tiene de hecho existencia personal.

Sólo tras breves secuencias nos separan del final de la novela. En la primera de ellas, las huestes de Julián se han disfrazado de sacerdotes católicos y, en la iglesia donde se oficia una misa tras la muerte del niño, llevan a cabo un *happening* (expresión que el narrador había empleado también con referencia a la imaginaria suerte de Putifar por obra de la culebra y la ulterior profanación de su «gruta» por los hombres del zoco) que culmina, tras escenas de orgía y destrucción, con el derrumbamiento del edificio y de las imágenes de la Virgen y el Niño ante las que el sermón contra la lujuria había conminado a postrarse al pecador.[19] Acto seguido, en el tramo inmediatamente posterior, nos hallamos de nuevo en el zoco tangerino. Entre la usual muchedumbre de mendigos y personajes heterogéneos, suenan, desde un camión de mudanzas, los primeros compases de la marcha de *El puente sobre el río Kwai*, que Séneca, en la biografía de este personaje contenida en el capítulo segundo, había silbado entre el arrobo general. Ahí Julián da muerte al sablista, convertido en insecto y en muñeco relleno de serrín, como el de celuloide que, abandonado entre los desperdicios, protagonizará la secuencia siguiente. Este muñeco es tal vez el Niño que habíamos visto en la

---

19 El paralelo apuntado en la recurrencia de *happening* viene, además, sostenido por el hecho de que la agonía de la Virgen se nos describe en términos que coinciden con los que narran la de Putifar en el zoco.

iglesia, y adivinamos que las mutilaciones que ostenta pueden proceder de la saña de las huestes de Julián, que la destruyeron. Recogido por los arrapiezos, el muñeco cobra vida,[20] y, en árabe, expresa su deseo de convertirse a la fe de Alá. Cuando, en la oscuridad, termina la irrisoria procesión organizada en honor al extraño suceso, se produce bruscamente una transición: Julián, tras una exasperante y vacía jornada tangerina, regresa a su casa, reencuentra a cada paso los nefandos atributos del tedio, la impotencia y la rutina y concilia el sueño con la amarga certeza de que el día siguiente será igual al que acaba de transcurrir, que en él «la invasión recomenzará», exorcismo vano de su imaginación.

Me ha parecido necesario, por enojoso, descriptivo y didáctico que ello pueda parecer en cierto sentido, proceder a una lectura detenida de *Señas de identidad* y *Reivindicación del conde don Julián*. Existen buenos trabajos críticos sobre estas obras,[21] pero es de todos modos evidente que su escritura requiere del lector un grado de exigencia y lúcida atención que desgraciadamente sólo en algunos títulos excepcionales nos ha acostumbrado a suscitar la narrativa en lengua castellana. No sólo por el hecho de haberse publicado fuera de España y no haber circulado normalmente por dicho país, sino por su carácter heterodoxo, por su radical extrañeza y extrañamiento — en el plano estético y en el ideológico—, *Señas de identidad* y particularmente *Reivindicación del conde don Julián* tienen algo de obras malditas. He mencionado antes a Sade y Lautréamont; conviene recordar también que Goytisolo no sólo invoca la tradición de los proscritos — la de Marchena, Blanco White o Cernuda — sino también la de Góngora. Transgresión y hermético mecanismo de diamante: como las *Soledades, Reivindicación del conde don Julián* desafía y anula a los exegetas. Combinando, en un plano simbológico, los motivos latentes en la anterior obra de Goytisolo, sitúa de pronto solitariamente al escritor en una región en la que pocos de nuestros novelistas han llegado siquiera a adentrarse.

---

20 Previo un conjuro moruno procedente del relato de María de Zayas «La inocencia castigada».

21 Véase sobre todo J. M. Castellet, «Introducción a la lectura de *Reivindicación del conde don Julián,* de Juan Goytisolo», en *Eco,* Bogotá, núm. 128: «*Don Julián,* de Juan Goytisolo ou le crime passionnel», por Mario Vargas Llosa, *Le Monde,* 23 de julio de 1971; Manuel Durán, «El lenguaje de Juan Goytisolo», en *Cuadernos Americanos* 6, noviembre-diciembre, 1970; Jorge Semprún, *Don Julián en enfer,* en *L'Express,* 26 de julio de 1971.

JUAN SIN TIERRA: EL ESPACIO DEL TEXTO

Señas de identidad fue — ahora estamos en condiciones de verlo con particular claridad — la última incursión de Juan Goytisolo en el dominio de la narrativa habitual. Al tiempo que rebasaba este dominio, procedía a su definitiva formulación; desempeñaba, respecto a la obra precedente del autor, la función de un correctivo. En el proyecto de Juan Goytisolo — y dicho proyecto es independiente de que a nosotros nos merezcan mayor estima tales novelas que a él —, *Señas de identidad* tenía, a mi modo de ver, la misión fundamental de «reescribir» *Fiestas, La resaca,* o incluso *Fin de fiesta,* o *La isla:* mostraba la forma estética que necesariamente hubieran debido asumir, desde los actuales postulados teóricos del escritor, las intenciones que rigieron aquellas obras. Tras la explosión de las primeras novelas inconformistas de juventud — que da dos libros de la mayor importancia: *Juegos de manos* y *Duelo en* El Paraíso — toda una dilatada etapa del novelista era así puesta entre paréntesis por él mismo al inscribirla en la órbita de *Señas de identidad,* a la vez resumen de una etapa e inicio de la siguiente.

Cualquier lector, sin embargo, está en condiciones de percibir las profundas diferencias que existen entre *Señas de identidad,* por una parte, y *Reivindicación del conde don Julián* y *Juan sin Tierra,* por otra. Cierto, las tres obras son complementarias: pero es evidente que *Señas...* consiente una lectura autónoma, mientras que *Don Julián* y *Juan sin Tierra* deben considerarse dos momentos de un mismo proceso, no en el sentido de que no puedan leerse como libros aislados, sino en el sentido de que el ámbito en que incursionan es mucho más visiblemente radical que el acotado por *Señas...* — aunque impensable como logro sin la existencia previa de dicha obra —. Un lector eventual, enfrentado a cada uno de estos títulos sen ser puesto en antecedentes (esto es, por ejemplo, cualquier lector celtíbero, puesto que la censura, por un lado, y la espesa indocumentación de los críticos, por otro, se han encargado pródigamente de que tales antecedentes no le sean procurados), reaccionaría sin duda diversamente en cada caso. Ante *Señas...*, la reacción será mucho más fácilmente aprobatoria: lo que creerá ver allá no es el germen de la revolución textual y moral que se producirá luego, sino, simplemente — de acuerdo con sus hábitos mentales —, una forma más sutil y elaborada de novela realista. Considerará que se halla en un terreno que no le es del todo ignorado — estamos en 1966 y, con un poco de suerte, ha leído ya *Tiempo de silencio* —, corroborará sesudamente la necesidad de ampliar registros expresivos para una más correcta captación de la complejidad dialéctica de la realidad (empleo su misma jerga), no dejará de remitirse a la coartada de la autobiografía en clave, y, a poco que le tiente la literatura comparada, mencionará la contemporánea renovación de la narrativa latinoamericana. Por supuesto, no se habrá enterado de nada: su precisión maníaca de entomólogo sólo le habrá servido para segregar un caparazón de quelonio que le inmunice contra el poder de subversión estética y moral de la obra. Las zonas de sombra de ésta (la fascinación de Alvarito por los mártires cristianos, la alusión a las deidades afrocubanas, por ejemplo, o, sobre todo, la disgregación de la voz hablante narradora en un juego de desdoblamientos y refracciones de tiempos verbales y perspectivas) le habrán pasado totalmente desapercibidas. Por ello, ante *Don Julián* y *Juan sin Tierra* no será extraño que pueda reaccionar airadamente: una cosa es leer novelas, y otra muy distinta, verse enfrentado a un bloque textual inclasificable que, como quería Lautréamont cuando abandonó su seudónimo, tenga por objeto la verdad práctica, esto es, ante una escritura llamada directamente a la agresión, a la incidencia en los estratos represivos — e incluso inconscientemente autorrepresivos — de la conciencia del lector, para barrenarlos y evidenciar su irremediable irrisión.

La empresa que acabo de anunciar ha venido siendo, desde Dadá y particularmente desde el surrealismo, la más propia de la vanguardia. Por una parte, se trata de la posibilidad de una literatura que concierna a la existencia corriente, no por aspectos sobreañadidos, sino, precisamente, en cuanto tal literatura. Ninguna sacralización, quede claro, de la escritura, sino más bien su crítica: crítica del lenguaje y crítica del hecho mismo de escribir, de la disposición del espacio tipográfico (de ahí la neutralización uniforme de los signos de puntuación a partir de *Don Julián*; de ahí, ya desde *Señas...*, la irrupción de secuencias versales). Pero esta crítica es una crítica moral. Incide en la existencia corriente sólo al precio de incidir ante todo en la escritura corriente. De ahí, por otra parte, la negación del concepto usual de «bien escrito» o «mal escrito». Juan Goytisolo nunca escribió de forma tan controlada, rigurosa, precisa y milimétrica como en estas obras, pero precisamente este control se encamina a la edificación de un lenguaje polivalente, que lleva en sí mismo su parodia, y que con harta frecuencia tiende a configurarse como la mostración de los ceremoniales cadavéricos de un habla fosilizada en la putrefacción de los clisés. Una lectura *au premier degré* hará más vivo, casi intolerable, el ya aludido sentimiento de *agresión:* ¿es que puede escribirse «así», *en serio?* Y, por otro lado, ¿es aceptable escribir «así», *en broma?* ¿Qué clase de broma es ésta, que atenta contra nosotros?

Me estoy colocando, evidentemente, en la perspectiva del beocio hispánico. Pero ocurre que una de las virtudes mayores de *Don Julián* y *Juan sin Tierra* es su absoluta inasimilabilidad para dicho beocio, incluso cuando tal condición de beocio se halla soterrada; por consiguiente, estamos ante un texto-zahorí, que mediante la simple operación de su lectura descubre al beocio-carpeto en su cubil. En otras palabras, empleadas ya por mí más arriba: *Don Julián* y *Juan sin Tierra* ponen al descubierto no sólo la naturaleza represiva del lenguaje literario y coloquial hispánico — un lenguaje fundamentalmente colonizado por la secular usucapión de las derechas —, sino, lo que es aún más decisivo, los mecanismos de autorrepresión que pueden hallarse profundamente anclados en la conciencia de los lectores. Dicha autorrepresión puede manifestarse por caminos muy diversos: reacción política del izquierdista puritano, tipo Blanco Aguinaga, que se aferra a sus fetiches acerca de lo decible o no desde lo que él considera una postura progresista, es decir, en última instancia, que toma sus distancias respecto a la posibilidad de crítica del lenguaje de la izquierda por parte de la propia izquierda; reacción — más irrelevante — del derechista fascistizante, que se siente personalmente ultrajado en la intangibilidad de los valores patrios y reserva un altar a los fantasmones de la mitología españolista; reacción — muy importante como síntoma — del lector progresista a quien no son aplicables los dos anteriores casos, pero que se revela súbitamente retráctil ante la apología de determinadas conductas eróticas, más aún, ante la simple posibilidad de asumirlas como comportamiento potencialmente usual, del mismo modo que, como ha notado Klossowski, incluso un Gilbert Lely, biógrafo y exegeta de Sade, se retrae bruscamente ante la irrupción de la coprofagia en *Les 120 journées de Sodome;* reacción — por último — de quien cree sentirse molesto tan sólo en un plano estrictamente literario, sin advertir que, precisamente, el indicio más cierto de una obra de vanguardia es el hecho de que, en un plano estrictamente literario, parezca a primera vista inaceptable, siendo así que esta «inaceptabilidad» literaria es reflejo de una más profunda «inaceptabilidad» moral, que se enmascara tras los juicios de valor estético. Volvamos a Sade: todavía en los años treinta, un estudioso tan competente y respetable por todos los conceptos como Mario Praz se sentía compelido a estudiarlo con detenimiento y al propio tiempo — en oposición a los surrealistas — le seguía negando cualquier valor literario; ignoro si la postura de Praz habrá cambiado ahora, pero me parece claro que la divergencia que acabo de describir era el último reducto donde, al abrigo de su formación profesoral, presentaban batalla resistencias morales que se disfrazaban de resistencias estéticas. No otro puede ser, en mi opinión, el caso de algunas resistencias, aparentemente estéticas, ante *Don Julián* y *Juan sin Tierra*. Son, en último término, resistencias ante una escritura verdaderamente *libre*. Pero ¿qué es una escritura verdaderamente libre? ¿Existe como posibilidad, y, si existe, de qué modo puede manifestarse en el área hispánica?

En otros ensayos he tratado de mostrar que la literatura castellana del Estado español desde 1939 ha venido marcada, no ya por la supresión de la libertad en el terreno de lo decible respecto a la vida diaria — supresión que se dio, por supuesto —, sino también por la proscripción de la vanguardia. Esto es: no sólo de la posibilidad de hablar libremente de la realidad, sino de la posibilidad de comportarse con libertad respecto a la escritura. Bien pobre libertad — aunque libertad cierta, si costó conquistarla — era la que no permitía sino decir lo que cualquiera podía ver en la calle. Este género de libertad va escaso en determinadas circunstancias históricas, y forma entonces parte de lo que es preciso obtener: pero, obtenido, no basta con ello. No se trata de llegar al terreno propio de la novela social y proletaria de anteguerra, sino de *reconquistar el espacio de libertad moral de la vanguardia*. La crítica más profunda de la sociedad de anteguerra no se halla en las novelas de Arconada, sino en el Lorca de *Poeta en Nueva York*, el Cernuda de *Los placeres prohibidos*, el Alberti de *Sermones y moradas* o *Con los zapatos puestos tengo que morir* o el Aleixandre de *La destrucción o el amor*. He citado adrede obras en las que puede hallarse o no explícita una crítica social o política pero en las que *siempre* se halla explícita una crítica moral y una crítica del lenguaje, es decir, una crítica a la base de la represión y una crítica a su principal instrumento (lo que es tanto como decir que, al dejar hablar a las fuerzas que impugnan base e instrumento de la represión, se impugna a ésta del modo más profundo, o sea, del modo más verdadera y genuinamente político).

Se tiende a olvidar con demasiada frecuencia algo que vio muy claro la vanguardia a partir del surrealismo: que el concepto usual de escritura también forma parte, y no pequeña, de los resortes coercitivos indirectos de los mecanismos de poder. La fijación de preceptivas, ya se haga en nombre de la derecha, de la izquierda, o de cierto engañosa asepsia despolitizada, es un modo de frenar no ya las posibilidades de formulación y expresión, sino incluso las posibilidades de una vida moral verdaderamente libre y asumida hasta sus últimas consecuencias, en la medida en que la escritura pueda ser un modo de hacer que dicha vida y dichas consecuencias lleguen a hacerse perceptibles como totalidad cohesionada, a aflorar en forma plena, incluso para el propio individuo que escribe, y a surgir como propuesta, que a partir de entonces no será posible ignorar, para sus contemporáneos.

No creo necesario añadir que, en cuanto he venido exponiendo hasta ahora, no me he apartado de *Juan sin Tierra:* como *Don Julián,* se define en estas coordenadas de transgresión estética y moral, en las que muy pocos escritores contemporáneos han llegado tan lejos como Juan Goytisolo. Pero es imposible no percibir, además, que *Juan sin Tierra* añade a lo que era *Don Julián* una especie de plus de transgresión, un suplemento de «incomodidad», de «molestia» para el lector, con respecto a la obra precedente. Para el estragado paladar carpeto, aquí el sabor es más acre, más aliñada con sospechosas especias la vianda, y es de temer que ni la ciencia del doctor Sagredo pueda contrarrestar la irrigación de humores malignos. Tratemos de ver cuáles son las particularidades que individualizan así a *Juan sin Tierra.*

Señas de identidad y *Don Julián* tenían en común el hecho de que en ellas nada, o, mejor dicho, nada que fuera acción relevante, ocurría en el presente. En el caso de *Señas...,* los hechos eran retrospectivos, vistos desde una congelada situación actual; en el de *Don Julián,* un presente cloroformizado en una inmovilidad cíclica era el escenario de una serie de sucesos que pertenecían exclusivamente al plano de la actividad imaginativa, onírica o perceptiva del protagonista. Sin embargo, ambas novelas, con ser tan disímiles, conservan algunos rasgos comunes de importancia, que podían aún procurar cierto mínimo asidero al lector: aquel presente inmóvil era localizable en el espacio y en el tiempo; en *Señas...*, el deslinde entre presente y pasado, y entre las diversas áreas de una y otra sección temporal, seguía siendo, aun cuando se produjeran múltiples entrecruzamientos, discernible en última instancia; en *Don Julián*, los procesos imaginativos, de una potencia y complejidad admirables, aunque llegasen a la suplantación total de la conciencia individual del protagonista y a su desdoblamiento completo en la escena de la autosodomización por el guardián de las obras, podían ser a fin de cuentas remitidos nuevamente al presente efectivo y verificable, era posible el «regreso» desde Caperucito Rojo hasta el protagonista que salmodiaba sus imprecaciones en Tánger. Todos estos asideros han desaparecido en *Juan sin Tierra*, y es este rasgo el que confiere a la obra mayor capacidad subversiva y turbadora.

Don Julián ocurría en Tánger; *Juan sin Tierra* ocurre en el texto. No hay otro espacio físico que el textual; no nos movemos en otro campo que el de la escritura. Han sido derribados los dos últimos y ya muy débiles vínculos que *Don Julián* conservaba con la novela usual. Por una parte, se ha eliminado por completo la noción de *progresión*. El texto no es ya algo que empieza y acaba, aunque sea para empezar y acabar en forma absolutamente idéntica, ni algo que se articula según unas leyes determinadas de decurso temporal o gradación dramática: es, simplemente, algo que irrumpe en un momento determinado, se dispara en todas direcciones, aniquila todo impulso centralizador, y se desvanece para siempre, porque ya no nos queda, tras el texto, sino postular su incidencia en la «verdad práctica». Por otro lado, *establecido el texto como realidad autónoma, todo cuanto ocurre en él es real:* real en la medida en que ocurre en el texto, y por lo tanto en la medida en que el texto es la suplantación —y por ende la crítica— de «nuestra» realidad. *La fenomenología del texto sustituye a la de la percepción.*

Este camino estaba prefigurado o esbozado en *Don Julián:* así, por ejemplo, en la secuencia en que la operación de limpieza de vocablos de etimología arábiga producía la real desaparición física de los objetos que designaban de la superficie de la Península Ibérica. Pero ello, que en *Don Julián* sucedía en el interior de una de las visiones de fantasía onírica del protagonista —y, por lo tanto, era susceptible de una remisión *a posteriori* al plano de la cotidianidad «real» tangerina—, en *Juan sin Tierra*, donde dicha remisión no existe, forma parte —«todo es posible en la página»— de la efectiva realidad *textual;* es decir, de la *única realidad* que se da en el espacio de la obra, que es el espacio del texto.

Surge aquí — podría ignorarla, pero prefiero hacerle frente — la posibilidad de una objeción, extremadamente primaria, pero que sin duda puede darse, a la operatividad revolucionaria de *Juan sin Tierra.* Es una objeción que, de modo más general, podría dirigirse contra todas las obras contemporáneas que critican el mundo a través de la crítica del lenguaje, que critican el espacio de la Historia en el espacio del texto. Esta objeción puede formularse de dos modos distintos, que en realidad son complementarios: puede revestir la forma de dos preguntas que obedecen a una misma y estólida argumentación. Por una parte: ¿acaso lo que ocurre en el espacio del texto no muere en él, es decir, no carece de incidencia *efectiva* fuera de la página, en el plano de los hechos reales? Por otra parte, a la inversa: ¿dar crédito *literalmente* a los acontecimientos del espacio textual, no nos llevará en última instancia a extrapolar a él el espacio de la Historia, es decir, a negar la Historia en favor del texto, y por tanto, a renunciar a cualquier operatividad histórica real en favor de una operatividad textual que muere en sí misma, que se consume en el espacio de la página?

Me desagrada colocarme en este terreno de argumentación, que es el de un empirismo degradado, el de un marxismo empobrecido y vulgar o el de una posición defensiva de académico con mentalidad de dómine. Pero, puesto que dicho terreno, dichas mentalidades, existen, más vale tenerlas en cuenta. Sobre todo, porque en gran medida *Juan sin Tierra* está escrito teniéndolas en cuenta, y dedica cierto número de pasajes a su irrisión (particularmente, en el último tercio del libro, toda la extensa cadena de acontecimientos relacionados con la parodia de novela pastoril cervantina, el proceso al escritor, la defensa del realismo, y secuencias como las descripciones de los cerros de Úbeda y el puerto de Toledo). El problema fundamental que se debate, y al que remiten las objeciones que en forma de preguntas esbocé anteriormente, es uno sólo, a saber: la escritura es suplantación *moral* de la realidad, pero no puede ser su suplantación *efectiva* (no puede suplantarla en el sentido en que un Zola creía poder suplantar la realidad del segundo Imperio); por lo mismo, la crítica del lenguaje desde la escritura, aun cuando sea crítica de la moral subyacente al lenguaje — no sólo al lenguaje literario, sino al lenguaje corriente, y por lo tanto, dependiente de los hábitos sociales que lo sustentan — ¿acaso no tendrá una eficacia sólo *textual?* Dicho de otro modo: el género de subversión que

nos proponen, cada uno en su terreno, autores como Marx, Freud
o Reich — cito nombre ya áreas de pensamiento muy distintas, como
se ve — podrá ser compartido o no por nosotros, podrá ser considerado o no como auténtica subversión (cabe la posibilidad de que
en nombre de unos neguemos a otros verdadero valor subversivo)
o podrá ser considerado o no válido; pero lo que no parece verosímil
es negar que las propuestas del caso encierran de modo verificable
inmediatamente la posibilidad de incidir sobre la vida real. Esta
posibilidad — y, en consecuencia, el valor de subversión, la operatividad revolucionaria respecto a una posible sociedad nueva — requiere, en cambio, elucidación en los casos en que dicha posibilidad de incidencia se ha revelado utópica por razones de tipo prác-
tico (Fourier), o en los que, sea cual fuese la fe que el autor haya
puesto en la escritura, parece evidente que no tiene sentido esperar
una incidencia inmediata y literal de ésta en la realidad (Blake,
Sade), y con mayor razón todavía, en todos los casos en que el propósito del autor — hablo de su propósito como escritor, no de su
propósito como ciudadano, como hombre que puede tener una ac-
tuación política concreta, ni tampoco de su propósito como escritor político, en otros escritos posibles — se cifre en *operar la revolución en el espacio textual.*

Así, no sólo, cuando encierra propuestas relativas, de algún modo
a la experiencia corriente, *Juan sin Tierra* las formula directamente
como utópicas (como un Sade o un Fourier que fuesen del todo
conscientes de que sus propuestas no se llevarán a cabo sin más
en la vida real), esto es, presentándolas en tanto que provocación
poética — tal es el caso de todo lo relativo a la reivindicación del
acto de excretar, que llega a ser el eje de un Estado antiestatal, en
uno de los pasajes más memorables de la obra —, sino que la aparente sensación de impotencia que existía en cierto nivel en *Don
Julián* debido a que en esta novela persistía pese a todo la demarcación entre lo real — la realidad exterior al texto — y lo ficticio (textual, es decir, imaginado) ha sido sustituida aquí por una constante
sensación de triunfo y omnipotencia porque *la textualidad ha su-
plantado enteramente a la realidad extratextual.* El protagonista de
Don Julián podía imaginar toda clase de invasiones, profanaciones y
depredaciones del «ibérico solar», pero persistía un plano en el que
«sabíamos» que no llevaba a cabo ninguna acción efectiva que fuese
más allá de la de colocar insectos muertos entre las páginas de una
polvorienta colección de clásicos hallada en una biblioteca pública;
el protagonista podía transgredir en su individualidad la represión

sexual, pero la más profunda violación — de la que la sodomización sólo era un síntoma —, a saber, la violación de la conciencia del sujeto como entidad individual, únicamente se operaba respecto a sí mismo, respecto al propio sujeto hablante, y únicamente en el interior del texto. Ello sólo era así en apariencia, sólo parecía así porque Juan Goytisolo prefería conservar provisionalmente cierto mínimo grado de conformidad con la demarcación plano textual/ plano real; no porque la subversión fuese menos profunda que en *Juan sin Tierra*, sino porque no se hacían siempre enteramente explícitas sus últimas consecuencias en el estricto plano del texto. Sin embargo, no por ello resultaba menos evidente que la profunda turbación que *Don Julián* producía y produce en el lector se halla estrechamente ligada al hecho de que el texto impone una suspensión momentánea de nuestro asentimiento a la realidad fenomenológica; durante la operación de la lectura, esta realidad se ve, para el lector, efectivamente suplantada por la realidad textual. Y ello, precisamente, porque dicha realidad textual no se propone una estéril mimetización de la experiencia corriente — que tiene sus propias leyes, que sólo es perceptible de modo fraccionado, y que, en cualquier caso, precisa, como sabían ya los trágicos griegos, su reducción a síntesis y arquetipos —, sino que, al configurarse como espacio autónomo, impone al lector el asentimiento a su facticidad, paralelo a la suspensión del asentimiento a la realidad extratextual.

Lo expuesto ahora — espero que de modo no excesivamente abstruso o equívoco — nos procura, en mi opinión, no sólo la clave de la profunda novedad de *Don Julián* y su capacidad revulsiva, sino el verdadero centro motor de *Juan sin Tierra*, a la vez que da cumplida respuesta a las objeciones cuya discusión nos ha sido útil para descubrir la especificidad de la escritura de estas obras. *Juan sin Tierra*, escrito desde el terreno ganado por *Don Julián*, consiste fundamentalmente en la producción de hechos en el espacio textual. Estos hechos textuales funcionan en todo momento como hechos verídicos y reales, poseen la completa facticidad que normalmente atribuimos a la realidad extratextual. Al propio tiempo, actúan respecto a ella en forma enteramente subversiva; su papel es análogo al de los sueños respecto a la racionalidad diurna. *La facticidad de los hechos textuales cuestiona la facticidad de la realidad exterior al texto.*

De ahí, en *Juan sin Tierra*, el reiterado carácter «genésico» atribuido a la escritura, al acto de escribir, y aun a su mismo instrumento, el bolígrafo; ello responde a su papel en el juego de correlaciones cuerpo-lenguaje (bolígrafo-falo, escritura-acto erótico, fecundo, por oposición a la fecundidad corrientemente atribuida al acto sexual reproductor; reivindicación, por tanto, de la escritura como placer, en un plano idéntico al de las conductas sexuales no reproductoras, y opuesto, por consiguiente, a la fecundidad corrientemente considerada «sana» de la escritura habitual, mimética de la realidad, no suplantadora de ella; transgresión erótica y transgresión de la escritura, identificables). Pero, más allá de esta compleja red de equivalencias y resonancias entre el plano del cuerpo y el del lenguaje, entre el plano del placer erótico y el del placer de la escritura, entre la impugnación del placer reproductor visto como fecundante y la reivindicación del placer no vinculado a la reproducción (es decir, en este aspecto concreto, del texto que no aspira a *reproducir*, sino a *producir la realidad* — la realidad textual), cabe interrogar todavía al modo en que opera este «génesis» por la escritura, que, nótese bien, impugna la tradición judeo-cristiana desde dentro de sus propias premisas: la creación mediante la palabra aparece también en Egipto y en Polinesia, pero para un lector occidental no puede dejar de asociarse al «Génesis» por antonomasia, esto es, al inicio de la Biblia. La omnipotencia de la escritura, correlativa a la omnipotencia de la palabra divina, y suplantadora de ella — por lo tanto desacralizadora — profana literalmente el universo textual: es decir, profana el universo a secas, porque, en la operación de la lectura, en el funcionamiento del texto, no hay otro universo que el textual.

La escritura es la profanación de la página y, por lo tanto, la profanación del mundo. El simple hecho de nombrar la transgresión basta, en el espacio del texto, para corporeizarla. Nos hallamos aquí ante un proceso inverso al que sustentó la creación de palabras talismánicas, tabuadas o sagradas, pero que responde a un mecanismo psicológico análogo: la identidad de una cosa se cifra en su nombre, en el solo acto de decirla; en la medida en que determinadas cosas han sido establecidas por la represión como «no decibles», bastará con un acto de libertad — el acto de decir lo no decible — para violar el tabú, no porque participemos de la magia que presidió la tabuación, sino, precisamente, porque diciendo lo «no decible» mostramos el carácter ilusorio de aquella superstición mágica. Todo lo «no decible» puede decirse y nada ocurre — cosa que ya descubrió, con salvaje alegría, Sade —. Pero, al propio tiempo, en el sistema estilístico de *Juan sin Tierra*, todo cuanto puede decirse en el texto es algo que, en el texto, ocurre de modo inmediato, literal, irreversible y fulminante: no sólo lo decimos, sino que suscitamos su presencia, bombardeando, impugnando la presencia hueca de la tabuación que amordaza a la realidad extratextual.

Así, *Juan sin Tierra*, crea, en el espacio autónomo del texto, una escritura verdaderamente libre y crítica. Y esta crítica llegará hasta el final. No le bastará con impugnar a lo extratextual, sino que impugnará al propio texto, se impugnará a sí misma, impugnará no ya el proceso iraginativo de producción de hechos en el espacio textual, sino incluso las mismas palabras empleadas para ello, en la medida en que las palabras arrastran la hipoteca de su usurpación por el lenguaje represivo; impugnará, incluso — una vez profanadas, descoyuntadas y, finalmente, eliminadas, las palabras, con el cambio final de idioma y de alfabeto —, el propio acto de la escritura, no para remitirnos, como Mallarmé, a la página en blanco, sino para dar un salto final fuera del espacio textual, hacia la «verdad práctica». Cuando termina *Juan sin Tierra*, debe empezar otro espacio. No el espacio de la existencia represiva; tampoco, ya, el espacio del texto, sino el espacio que aquél ha debido hacer posible: el de una existencia personal donde cada uno se asuma a sí mismo libremente. La escritura nos ha exorcizado para que volvamos a ser libres: los actos de profanación verbal han operado su efecto. Le llega ahora el turno a nuestra libertad.

CONVERGENCIAS

EL primer problema que parece plantear *El mono gramático,* de Octavio Paz, es la determinación del género al que pertenece. Problema escolar, de burocracia literaria, pero no irrelevante; responder a esta pregunta aparentemente ociosa nos puede iluminar acerca de la naturaleza profunda del libro. El propio Paz ha escrito en las primeras páginas de *El arco y la lira:* «Si reducimos la poesía a unas cuantas formas — épicas, líricas, dramáticas — ¿qué haremos con las novelas, los poemas en prosa y estos libros extraños que se llaman *Aurélia, Los cantos de Maldoror* o *Nadja?*» *El mono gramático* es uno de estos libros, y no es menos esencial que ellos. Escrito en 1970, publicado por primera vez en traducción francesa en 1972 y ahora finalmente en su texto original castellano, surge casi exactamente un siglo después de *Les chants de Maldoror,* y a mayor distancia todavía de *Aurélia;* el primer canto de Maldoror aparece en 1869, *Aurélia* en 1855. Lautréamont y Nerval representan dos líneas distintas: *Los cantos de Maldoror* preanuncian a Rimbaud y a los surrealistas, fundan la exploración de lo inconsciente. *Aurélia* es también una obra sobre el mundo onírico, pero se inscribe en otra tradición: el misticismo visionario del romanticismo germánico, de un Novalis. *Nadja,* que parece seguir literalmente el contenido de una frase capital de *Aurélia* — «l'épanchement du songe dans la vie réelle» — es de 1928. Cuando aparece *El mono gramático* la problemática ha cambiado. El surrealismo sigue teniendo un papel esencial, pero otras solicitaciones no revisten menos importancia: los problemas del texto y el lenguaje como medio de conocimiento — desde Mallarmé hasta la fenomenología y la moderna lingüística — (y, por supuesto, el conocimiento del propio lenguaje), el sentido de la poesía en un mundo sustancialmente distinto, la confrontación con formas de pensamiento y experiencias espirituales alejadas del ámbito occidental. Las cartas al Dalai Lhama o a los budistas publicadas en el tercer número (1925) de *La révolution surréa-*

liste tenían, a este último respecto, una significatión diferente. Se trataba entonces del rechazo, de la subversión de lo inmediato mediante la apelación a lo otro. La subversión es ahora en este campo más profunda, y por lo mismo se puede finalmente traducir en reconocimiento, como al parecer ocurrió en el diálogo entre Heidegger y Suzuki.

Desde Villón o Jorge Manrique, la gran poesía lírica occidental es monólogo. En nuestro siglo este monólogo se bifurca: en Pound, en Eliot, en Saint-John Perse, en el Juan Ramón Jiménez de *Espacio* surgen diversas voces hablantes, o más bien diversas zonas de una misma conciencia, mantenidas anteriormente en una cohesión ficticia — la impuesta por las leyes de la gramática y la retórica — irrumpen a un tiempo en el discurso. En algunos poetas hay aspectos de este tema que llegan a convertirse en capitales: los heterónimos de Machado y Pessoa, o, en otro orden, la «crisis de la idea de personalidad» que Gabriel Ferrater señala en J. V. Foix o los poemas dialogados del último Aleixandre. Una disgregación análoga aparece en la novela: en la literatura castellana, libros como *Don Julián, Recuento, Cambio de piel* o *Tres tristes tigres* — con las diferencias que deban señalarse entre ellos — coinciden en este sentido. También la novela era monólogo, el del narrador impersonal. Ahora es, más que diálogo, monólogo múltiple. Se ha desvanecido la ficción del hablante único, la del texto unívoco — y con ella la de los géneros literarios, que se sustentaba en una acotación y demarcación de las posibilidades expresivas y semánticas. En cierto modo, cuanto se escribe hoy desde la vanguardia pertenece en verdad a un sólo género: todo es poesía, y las mismas artes plásticas confluyen por ello con mayor profundidad con los verdaderos textos creativos.

Desde estas premisas debe emprenderse la consideración de *El mono gramático*. Pertenece a la manera que Rachell Phillips, en su estudio sobre Octavio Paz, denomina semiótica. Pero, como toda la poesía de Paz desde *Piedra de sol* y particularmente desde *Blanco*, es una obra de síntesis. El núcleo es un monólogo, y la identidad del hablante — del poeta — parece irreductible: es el «centro móvil» de las convergencias, el vértice del remolino de figuraciones cambiantes, el ojo del huracán. La persistencia en la propia identidad es uno de los temas más antiguos y constantes de la literatura hispánica: el «Yo sé quién soy» de don Quijote, o la fijeza que tras el disolvimiento de sombras del barroco sustenta la conciencia individual del Segismundo de *La vida es sueño* o la Semíramis de *La hija del aire.* (También, el fundamento último de la arquitectura del *Primero sueño* de sor Juana: escalera de espejos.) *El mono gramático* a la vez supone la reafirmación de este principio y de su envés. El barroco oculta el vacío, el vacío refleja el ser: mirada de Gorgona. Las preguntas esenciales en *El mono gramático* parecen ser quién habla y qué es hablar. La relación, pues, entre el propio ser y el lenguaje y entre el lenguaje y el mundo. Dinámica crítica: no es sólo el lenguaje lo que se somete a examen, es también el sujeto que lo utiliza — ¿o que es utilizado por él?: todo un capítulo de *El mono gramático,* el cuarto, expresa el imperio, la autonomía engañosa de las palabras sobre el hablante, la conceptualización fatal e incontenible que deriva de lo semántico.

El mono gramático parte de una metáfora: la metáfora del camino. Es, propiamente, un examen de los efectos de la transposición de esta metáfora a las realidades concretas. Desandar el camino: de la metáfora a la realidad, no de ésta a aquélla. Desandar la metáfora del camino, el camino de Galta. Cuando el camino llega a su fin, advertimos que nuestro itinerario nos llevaba a la vez por las ruinas depredadas de los palacetes de Galta y por el texto — un texto que estábamos descubriendo, como descubre el camino de Galta quien se interna en él. Un camino móvil (el de Galta, que es el texto) y un camino inmóvil — «fijeza momentánea» —: la visión del atardecer en el jardín de Cambridge. Atardecer leído, descifrado: desnudamiento y desvelamiento: ver a través de la tarde y del jardín, preguntarles por sus nombres, Cuerpo leído: el cuerpo de Esplendor es un criptograma — ¿o un ideograma? —, y el erotismo es lectura de los signos que emite el cuerpo. El lenguaje del cuerpo: ver a través del cuerpo, ver el cuerpo a través del cuerpo. También el cuerpo es un texto y es un camino que nos lleva al encuentro de sí mismo. Nuestra percepción se reconoce en lo erótico, y el erotismo es una metáfora del conocimiento, del mismo modo que el cuerpo es una metáfora del texto, y el lenguaje una metáfora de la realidad — ¿de qué realidad? Lo que llamamos realidad ¿no es también el nombre que damos a otra metáfora, la de nuestra experiencia sensible?

El mono gramático se sustenta así en la convergencia. Lo analógico, que como se sabe ha centrado de modo particular en los últimos tiempos la atención de Paz, es una operación encaminada a reconstituir la unidad profunda del mundo, según advertimos, por ejemplo, en el arte combinatoria luliana. La poesía se basa en la analogía — la metáfora es designación analógica — y constituye una lectura del universo y del lenguaje mediante dicha operación. *Salamandra, Blanco*, o muchos poemas de *Ladera Este* investigaban en el espacio; *El mono gramático* investiga en el tiempo, de una manera a la vez distinta y más compleja que la que podemos hallar en un poema largo como *Piedra de sol*. En efecto, *El mono gramático* no cuenta solamente con el decurso de la lectura, con la noción de lo sucesivo, sino también con el patrón narrativo y con la disposición tipográfica de la prosa; una organización temporal, que se lleva a cabo tan sólo para ser contravenida sutilmente desde su mismo fundamento. No hay progresión, sino círculos concéntricos. El tiempo es ilusorio: transcurre en un presente petrificado.

El mono gramático, en cierto sentido, no requiere exégesis, La exégesis es un metalenguaje, y ésta es una obra que contiene su propio metalenguaje. Puede, sí, suscitar otro discurso — que convergerá finalmente con el de la obra, o será su imagen, una imagen múltiple más, desdoblada y reconstruida: fulgores y espejismos. El vértigo de la fijeza y el de las mutaciones. El tiempo de la confluencia: toda la obra de Paz tendía hacia *El mono gramático*. Tal vez se considere arriesgado decir que es su obra maestra — aunque ciertamente en mi opinión pueda serlo —; digamos, a fin de parecer a la vez prudentes y precisos, que es la que de modo más polivalente y amplio reúne el sentido de su indagación. Indiqué antes, al relacionarlo con *Aurélia, Les chants de Maldoror y Nadja*, que su posición en la historia de la poesía contemporánea — la que se inicia con el tránsito del último romanticismo al simbolismo, y que desde luego no ha terminado aún — es una posición central. Trataré ahora de caracterizarla en este aspecto.

La era de posguerra es la de la gran *pérdida de confianza* en los valores absolutos de la poesía — si se quiere, en la poesía como religión del hombre moderno, como vehículo de lo mágico y de la trascendencia. La confianza que en este período se quiebra es la que había hecho posible empresas tan diversas como la vanguardia poética rusa — de Klébnikov a Maiakovski o Pasternak —, la poesía española de la generación del 27, el surrealismo, la obra de Pound o la de Ungaretti. Es significativo que para muchos de los más importantes poetas de anteguerra los años que menciono — para algunos, los años de la guerra de España — sean los del desenvolvimiento de nuevas propuestas estéticas. Al hablar de pérdida de confianza, no me refiero, por supuesto, a que se pierda confianza en la poesía (nadie confía más en ella, precisamente, que quien no la abandona como vehículo expresivo), ni siquiera a que se pierda confianza en la vanguardia (incluso el Aragon de *Front rouge* podía, desde su punto de vista, creerse un día más en la vanguardia que un Benjamin Péret), sino en cierta concepción de una y otra. Hay un libro sumamente revelador respecto a este momento crítico: el *Arcane 17* de André Breton. Libro que sospecho menos leído de lo que debiera y mal comprendido por muchos. Sin embargo, la respuesta que, en esta encrucijada, da Breton al problema es profética: *Arcane 17* es la mejor evidencia de que el espíritu surrealista, en contra de lo que afirman pertinazmente los academicismos de uno y otro signo, extiende su irradiación y su vitalidad mucho más allá del período de entreguerras. Lo probaría, en nuestro ámbito, si fuera necesario, la nueva generación hispanoamericana de vanguardia, que, por oposición al movimiento regresivo de las promociones españolas de los años cuarenta y cincuenta (hablo en términos generales y me limito al castellano), proseguiría en la posguerra la empresa del 27, cuyos miembros mayores culminarán en más de un caso su obra a lo largo de las décadas siguientes.

En este contexto, el papel de Octavio Paz es decisivo. Y lo es en un contexto más amplio aún que el hispánico que acabo de señalar. Responde de modo pragmático a las interrogaciones que parecen paralizar a buena parte de la poesía actual: cuál es el papel del poeta en el mundo moderno, cuál el sentido de la actividad poética como experiencia espiritual, cuáles las relaciones de esta experiencia con lo que Lautréamont (mejor dicho, Ducasse, pues él es quien firma las *Poésies*) llamaba la «verdad práctica». Para la poesía del último tercio de siglo, el papel de *El mono gramático* debe ser análogo al que en otras décadas tuvieron *The waste land* o los *Cantos* poundianos. Pero, a diferencia de los títulos que acabo de mencionar, su influjo trasciende en mucho el nivel de las técnicas poéticas (la ideología de Pound es aberrante y confusa, la de Eliot, en mi opinión, enteramente marginal en su proyecto estético). En este aspecto es un libro emblemático: a la vez que resume y eleva a rigor más alto la poesía de su autor encarna los mitos, las obsesiones y aun las pesadillas de una época. Y, con ellas, la «pérdida de confianza» a la que aludía más arriba. No ya la poesía, sino la palabra ¿son posibles aun, tienen sentido, no descansan en una concepción ilusoria? El descubrimiento que la propia operación emprendida en la escritura de *El mono gramático* lleva a cabo responde a esta pregunta. Dicho descubrimiento tiene un nombre: unidad. Todo converge porque todo es uno. Lo que interrogamos y lo que percibimos, la palabra y el silencio, el texto y el espacio en blanco, la vacuidad y lo pleno, la firme malla que sostiene el desasimiento de las apariencias, el fondo incoloro o fulgurante — espejo de agua en llamas — donde nuestra conciencia se reconoce a sí misma y los vocablos se concilian con el mundo que designan.

Esta revelación última participa de lo extático — como cualquier forma de poesía o de arte que postula lo absoluto —, pero es asimismo consecuencia de una reflexión excepcionalmente consciente y lúcida. Por su simple entidad verbal, los ensayos de Paz son también poemas; por su implicación, por las vías que recorre, El mono gramático es también ensayo. Reflexión sobre la experiencia inmediata — la propuesta de formas, de masas y volúmenes que deparan el atardecer de Cambridge o el sendero de Galta — y sobre el sentido de los lenguajes: el lenguaje hablado — Hanuman nombra a los árboles como el poeta a las cosas — y el lenguaje plástico, el lenguaje del cuerpo y el lenguaje de la escritura. No sabíamos si era posible nombrar; lo absoluto verbal — aquello que sustenta a Rimbaud y Mallarmé, y que pareció ponerse en duda cuando sobrevino el tiempo de la «pérdida de confianza» — es un rostro de la unidad del mundo, de la unidad de nuestra percepción. Es nuestro rostro.

En El mono gramático llegamos así al punto en que la trayectoria iniciada por los simbolistas confluye con la abertura a nuevos ámbitos propuesta por el pensamiento contemporáneo, por la experiencia oriental, por el análisis lingüístico. Nos desplazamos y permanecemos inmóviles: estabilidad y transfiguraciones; avatares de lo idéntico. La coexistencia de la obra y la crítica de la obra, de la percepción y la crítica de la percepción, es un síntoma de la modernidad. Los hijos del limo — para citar sólo el ejemplo más reciente y acaso el más concreto — interrogaba a esta modernidad. La conciencia histórica del poeta no es sólo su conciencia en tanto que inscrito en la historia general, sino, y acaso ante todo, la conciencia de su inserción en la historia del espíritu. Paz, que en Piedra de sol («Madrid, 1937»), en Viento entero («En Santo Domingo mueren nuestros hermanos») o en los recientes Aunque es de noche o Nocturno de San Ildefonso utilizó, de modo hasta él inédito en la poesía hispánica, técnicas de superposición y simultaneidad para dar cuenta de las incidencias de lo histórico en lo individual, es consciente como pocos de que el problema central — del que lo histórico es sólo un aspecto — para un poeta contemporáneo reside en la forma en que sea capaz de asumir la continuidad del itinerario emprendido por románticos y simbolistas, un itinerario que se inicia con algunos de los nombres del xix que he citado y con Baudelaire. La diferencia esencial de esta poesía respecto a la de eras anteriores — pienso particularmente en el Renacimiento y el Barroco — reside en el hecho de que compromete al ser entero del poeta. Para recoger una distinción que Tristan Tzara estableció con otros fines, pero que acaso aquí pueda también revelarse fructífera, la poesía contemporánea no es ya un medio de expresión, sino una actividad del espíritu. Se expresa a sí misma; y expresa al poeta en una forma tal que no puede aparecérsele cristalizada sino mediante el acto mismo de la operación poética. No es ya una interpretación del mundo de acuerdo con una filosofía determinada (papel tradicional de la llamada poesía de pensamiento: tal es la función que, por ejemplo, reviste el neoplatonicismo de Marsilio Ficino respecto a las *Rime* de Miguel Angel), sino una interpretación filosófica propuesta por el mismo acto de poetizar. Sólo en este sentido debe decirse que *El mono gramático* es un poema filosófico. No expone didácticamente, según la tradición venida de Lucrecio, una filosofía; ni tampoco utiliza, como el Eliot de *Four Quartets*, elementos filosóficos en una función de contrapunto respecto a los puramente líricos, es decir, asimilándolos en última instancia a elementos estéticos; por el contrario, descubre un cuerpo de ideas suscitado por el mismo desarrollo de la investigación verbal. Propiamente, pues, una revelación: la de la unidad que sostiene lo analógico. Al comienzo, no hay nada: una hoja en blanco — como la que, con su desierta claridad lunar, fascinó al Mallarmé de *Un coup de dés* — sobre la que debe iniciarse un camino: el texto. Nada hay tampoco al final: todo se ha hecho transparencia, cada cosa es su doble, cada imagen repite a otra como el camino de la escritura repite el camino de Galta, como el lenguaje repite, o crea al nombrarlo, el mundo. Todo está aquí: en el texto o en la página en blanco, en la dicción o en el silencio. La unidad del mundo equivale a su disolución, a su desvanecimiento; las presencias se superponen, son intercambiables, encarnaciones de la semejanza. El reverso del lenguaje y el de la experiencia fenoménica. La totalidad y lo vacuo. La idea de que podemos leer el mundo es antigua, y se halla en el origen de una concepción («leer en el gran libro de la naturaleza») que caracteriza — por ejemplo, en el Victor Hugo de madurez — las últimas derivaciones de la concepción romántica del poeta. A ello aludía Baudelaire cuando nos habla de comprender «le langage des fleurs et des choses muettes». *El mono gramático* es una lectura del mundo, en el sentido más literal, que es también el más arriesgado y extremo: no reducir el mundo a una lectura, sino *verlo* realmente, verlo por primera vez. Y, al verlo, ver la visión. No ver visiones: ver el acto de ver.

Así, *El mono gramático* se impone como una de las empresas más vastas y más profundamente significativas de la poesía de nuestro tiempo. Forma parte de esta singular y solitaria constelación de obras que nos conducen al borde último de lo decible, al punto en que aparece o se muestra lo esencial. El texto es el centro de esta obra, pero este centro se halla constantemente imantado, polarizado, en tránsito: al encuentro de sí mismo, al encuentro del mundo que designa, al encuentro de la individualidad que lo descubre. Pudo parecer que la lírica contemporánea, fascinada por su propia esfinge, tantalizada por su aspiración a lo último, a la vez al fondo de sí misma y a sus opuestos, desembocaría en el aniquilamiento o — desde el extremo contrario — en la fundación de una nueva retórica. *El mono gramático* es uno de los pocos libros poéticos de los últimos decenios que nos devuelven aquello que experimentamos ante las *Illuminations:* la confrontación originaria con el material verbal y con la esfera de lo trascendente. Un acto radical de exploración y respuesta al silencio que oculta el ser. La lírica contemporánea — la verdadera lírica contemporánea, la única que realmente puede concernirnos, la que constantemente indaga en sí misma y más allá de sí misma — halla así un camino en este texto-camino, un camino que nos devuelve al texto como Mallarmé nos devolvía a la ausencia de texto. La poesía de nuestro tiempo remite a sí misma porque nos remite a nosotros mismos. ¿Es aún necesario, concebible, el poema? *El mono gramático* opone a esta duda — a la forma y al entorno en que esta duda se plantea cien años después de Lautréamont — una vuelta al fundamento de la palabra poética. Regresar y reingresar: nos restituimos a la noche de lo idéntico. *El mono gramático* termina con un doble paralelismo: la escritura y la lectura y la escritura y el abrazo de los cuerpos (lenguaje del cuerpo, lenguaje como cuerpo, cuerpo como lenguaje). La noche de los cuerpos, anterior a la designación; la noche del encuentro erótico, anterior al lenguaje o superior a él. La revelación del espíritu y la del cuerpo trascienden el lenguaje; lo hacen estallar, rebasan la semántica, lo devuelven a la espera o a la conciliación final. Todo está por decir o todo dicho ya. Y el texto es un espejo: leo un texto en el que estoy leyendo un texto. Una escritura reflexiva y una lectura activa. *El mono gramático* es una operación poética que desemboca en una operación crítica, o una operación crítica que se abre a lo poético. Un texto multidimensional; también un texto único.

EL MAPA Y LA MÁSCARA

UNO de los múltiples hilos conductores de *Terra Nostra* es lo que Carlos Fuentes, en la página de reconocimientos del libro, y atribuyendo su paternidad a Roberto Matta, llama «el mapa de plumas de la selva americana, que en realidad es una máscara». En la noche iniciática del tramo central del volumen — «El mundo nuevo» — este mapa que a la vez es máscara constituye uno de los polos de imantación de un descenso a los últimos sustratos de la conciencia. El mapa de un mundo y el de nuestro rostro: el rostro de la Historia y el de la colectividad. ¿De dónde es este mapa, de quién es éste rostro?

El mapa es máscara; el rostro es mapa y es máscara. Es el rostro del Señor, y el de Polo Febo, y el de cada uno de los innumerables Juan Agripa, el del náufrago abandonado en el Cabo de los Desastres, el del hijo parido por la loba en la oscuridad azulada del bosque, el del joven destinado a la inmolación tras un año que es un instante en el silencio glacial, enjoyado por la sangre que teñirá el filo del cuchillo de obsidiana. *Terra Nostra* se configura y toma forma mediante la operación de la lectura; finalizada ésta, hemos reconstruido un rostro que, terrorífico, es muchos a la vez, y nos sume en el éxtasis y en el pánico ante su presencia devoradora. Más que la disolución o el desvanecimiento de la identidad individual, su proliferación: espejos de espejos, máscaras que ocultan máscaras, rostros que son máscaras, máscaras que son rostros. Tal vez un único rostro, una única máscara, un único mapa. Podemos llamarle «yo». Pero quizá su nombre sea Historia, o acaso «Terra Nostra»: las Españas, el sector del mundo hispánico definido por la incidencia de la sequedad resquebrajada y rencorosa de la Castilla de los Austrias sobre el vivir autóctono americano.

Como interpretación de este núcleo de lo hispánico, *Terra Nostra* no se halla lejos de las instituciones fundamentales de Américo Castro; como fusión de psicoanálisis colectivo, invocación a los demonios familiares de la estirpe y planteamiento simultáneo — involucrando lo uno en lo otro — de tal problemática en la de la escritura, sólo hay una novela escrita en castellano — *Reivindicación del conde don Julián,* de Juan Goytisolo — en la que pueda detectarse una intención convergente con la de Fuentes. Pero en muchos sentidos los libros difieren: *Don Julián,* relato circular de una sola jornada de la vida del narrador — jornada en la que, salvo en el plano de los recuerdos y la imaginación, nada ocurre — se centra en la profanación de la «España sagrada» por las fuerzas vitales expulsadas de ella, identificadas con la «rebelión del cuerpo», a que se ha referido Octavio Paz. *Terra Nostra,* en cambio, no aparece acotada ni en el espacio ni en el tiempo, se caracteriza por un casi infinito desdoblamiento de narradores — todos son otro, todos son nadie, tal vez todos son uno —, por la repetición ritual de sucesos en planos de realidad diferentes y por una dinámica mixta de fascinación y rechazo ante los emblemas del aberrante pasado colectivo, no ceñido únicamente a la península ibérica, sino a su nueva encarnación en ultramar, el sincretismo sangriento de los conquistadores. *Don Julián* es, como *Un chien andalou,* una «llamada al crimen» en la tradición surrealista de la destrucción y pulverización de lo represivo; *Terra Nostra* es una vasta indagación en torno a la propia identidad común que se abre al espectáculo de un aniquilamiento constante, reiterado, petrificándose en un instante atemporal.

Las proporciones de la obra, y su compleja estructura, parecen hacer aconsejable aquí un mínimo resumen de sus líneas de fuerza, que será innecesario, por supuesto, a quienes la hayan leído con algún detenimiento, pero que acaso no resulte inútil a cuantos todavía no la conozcan, o la conozcan de modo superficial y aproximativo. *Terra Nostra* se inicia en París, en el futuro, en vísperas — presididas por signos apocalípticos — del segundo milenio de la era cristiana. Entre otros muchos — es tiempo de partos milagrosos — nace un niño, al que un mensaje de dos desconocidos — Ludovico y Celestina — aconseja llamar Iohannes Agrippa. El encargado de bautizarlo así es un joven manco, Polo Febo. Al término del primer capítulo, Polo Febo, tras cruzarse con Ludovico, y en presencia de Celestina, cae al Sena. Celestina empieza entonces a narrar la historia que formará la totalidad del volumen. Dentro de esta historia, la segunda parte, «El mundo nuevo», estará íntegramente constituida a su vez por el relato que de su vida pasada hará un personaje — un Juan Agripa — y, con independencia de ello, serán constantes los cambios de perspectiva narrativa y las mutaciones de identidad entre los diversos habitantes, narradores o no. En las últimas páginas, sabremos que el verdadero autor-narrador del libro es o puede ser también Polo Febo, y Ludovico, y Celestina y, hermafrodita, le veremos copular consigo mismo, fundirse con su pasado, con su individualidad de ayer. El manco de París copula con la hierática deidad americana, y la escritura va al encuentro del vacío-pleno de su negación. Explosión y mutismo: claridades vacías y reverberantes de la página. Como toda la escritura moderna, *Terra Nostra* postula el silencio — un silencio en el que estalla la voz innumerable de todas las potencialidades que encierra el acto de narrar.

Ninguna de tales potencialidades, en efecto, aparece excluida en principio, y es uno de los más admirables aciertos de Fuentes el haber incorporado la interrogación esencial que paraliza ahora a la narrativa — ¿por qué narrar esto y no lo otro? o simplemente: ¿por qué narrar? — a la estructura misma de su obra, de modo que el centro fundamental de ella — en última instancia, de carácter alegórico — sea inseparable del planteamiento técnico del problema. Un problema literario sólo puede tener, en rigor, una solución ética. El relato es una convención y, a partir del momento en que se revela como tal — es decir, a partir del momento en que se desvanece la seguridad que hacía emplear a Zola esta convención como algo dado — elegir cualquier disyuntiva posible de un haz de soluciones resultará una decisión cada vez más arriesgada. Estimo que el tránsito, según lo formulado por Benveniste, de la «historia» por el «discurso» da cuenta bastante del fenómeno. En el caso de *Terra Nostra*, la obra aparece vertebrada precisamente en virtud del principio de que no sólo un nivel narrativo no descarta a otros, sino que los requiere.

En efecto, sustancialmente lo que *Terra Nostra* nos relata es — desde los días de Tiberio hasta el París bimilenario de Polo Febo — el simultáneo desarrollo de las diversas posibilidades potenciales de una misma historia, en el espacio y en el tiempo, un espacio y un tiempo que son puramente los creados por la narración, por la escritura) y en los que todos los tiempos y todos los espacios convergen. Tres personajes emblemáticos, tres Juanes Agripa — los tres con seis dedos en cada pie, los tres con la marca de una cuchilla en las espaldas — viven, a lo largo de los siglos, tres vidas simultáneas que, como las diversas versiones heréticas de la vida de Cristo que repasa el Señor, no se excluyen: se complementan. También Ludovico y Celestina, estrechamente vinculados a los diversos avatares de Juan Agripa, son ubicuos y atemporales. Y cada Juan Agripa existe, a la vez que en una determinada y cambiante dimensión espacial y temporal, en la escritura: existe en la medida en que es escrito, y de ahí que los mitos literarios — don Quijote, don Juan, la Celestina, y también los suscitados en la época actual — se confundan y permuten con la identidad novelesca de los personajes. No se nos pide credibilidad respecto a éstos en tanto que criaturas novelescas individualizadas, sino en tanto que depositarios momentáneos de un patrón narrativo definido por la constante transición hacia otra imagen de sí mismo. Espejos, espejeos y espejismos; figuras y figuraciones.

El centro irradiador de estas proyecciones superpuestas sobre el área textual es el escenario que domina la primera parte del volumen, «El viejo mundo». Este viejo mundo no es Europa, ni siquiera, como digo, la península ibérica: es la Castilla de los Austrias, y en ella, el recinto clausurado y claustrofóbico del Escorial, donde vive un Señor que es Felipe II, pero también, y ante todo, «el Señor» por antonomasia. La lectura en clave de novela histórica usual está excluida: Felipe II puede ser también Carlos II el Hechizado, su madre es Juana la Loca, su escudero Guzmán descubre América después de las campañas de Flandes. No la historia cronológica: el tiempo del mito. Y el mito, poseído por una elefantíasis generadora, se multiplica, abraza nuevos mitos, se crea a sí mismo: en el espacio literario del Escorial, el Señor contiene todos los Señores, y aun su posible negación — la amordazada y abolida tentación heterodoxa y transgresora de su juventud, con Simón, Ludovico y Celestina —, del mismo modo que la novicia convertida en su amante es la doña Inés seducida por don Juan Tenorio, y éste puede ser uno de los Juanes Agripa, y otro — el narrador de «El mundo nuevo» — protagonizará el descenso a las tinieblas etnográficas de un ámbito precolombino que aparece como la región secreta de los arquetipos.

En la tercera parte — «El otro mundo» — se nos hacen explícitos los resortes del mecanismo narrativo, extraordinariamente complejo en su funcionamiento, pero reductible a un denominador común. Lo que en él puede desconcertar al lector — la reiteración de nuevas formulaciones de un mismo episodio — tiene su base en la obsesión ternaria, de raíz cabalística — tres Juanes Agripa en cada avatar, tres vidas, tres versiones del existir —, en la nivelación en el espacio de la ficción literaria de todos los tiempos y espacios, y en la asunción de los datos históricos, y los datos míticos, con exclusión de la sucesión cronológica y de la demarcación entre literatura, fábula e Historia, mediante la escritura. Todo es escritura, y sólo de ser escritura le viene la existencia. Bien lo sabe el Señor, que al ascender las escaleras advierte que ni él mismo permanece idéntico de un peldaño a otro y sólo a lo que queda escrito reconoce permanencia, porque, escrito, «lo fugitivo permanece y dura», como en el verso — luces frías en el agua — de Quevedo.

La crisis de la identidad personal subyace a la crisis del narrador que define a la era moderna. No sabemos quién narra porque no sabemos quién somos. El hombre del medievo, el del Renacimiento, el del Barroco, el de la Ilustración, sabían quiénes eran, remitían su identidad a una cohesionada organización del mundo. (Así, aunque en este caso la remisión operara respecto a un referente ilusorio, don Quijote exclamaba: «Yo sé quien soy.» Stephen Gilman, en su libro sobre la *Celestina,* ha podido estudiar las implicaciones de esta expresión castellana.) En la época contemporánea, el concepto de identidad entra en crisis, crisis que es visible, precisamente, en muchos pasajes de *Terra Nostra,* como el mencionado ascenso del Señor por la escalera o algunos de sus diálogos con Guzmán. Esta intuición, fundamentalmente terrorífica, esta súbita inseguridad de quien siente que su ser pierde consistencia y se abre al vacío, no había sido expresada en la narrativa en lengua castellana con tanta elocuencia desde los mayores relatos de Borges. Juan Agripa, Polo Febo, el narrador y tantos otros avatares, indiferenciados, se fusionan violentamente en las páginas finales del libro, pero su cópula es aniquilación y revelación a la vez. Viendo lo inefable, se ven a sí mismos, y esta visión los fulmina. Todo es uno, y existe en la angustiosa paralización momentánea del éxtasis.

Cervantes, proscrito del Escorial, concibe en Lepanto la vida del hidalgo con quien coincidirá uno de los Juanes Agripa. Pero está escribiendo también este libro en el que él mismo aparece. Se escribe a sí mismo y nos escribe a nosotros: la trampa de la escritura no excluye a la propia identidad del lector. El sistema referencial de la novela remite, por una parte, a la tradición hermética, y, por otra, a la dinámica de exclusiones y rechazos del vivir hispánico, este «vivir desviviéndose» al que aludía Américo Castro. El cuadro herético presuntamente pintado en Orvieto impugna la ortodoxia; pintado en realidad secretamente por el monje en el Escorial, impugna el contrarreformismo español, expresa la escisión entre vida pública coercitiva y vida privada clandestina. Del mismo modo, es constante en *Terra Nostra* el juego de repulsiones mutuas entre los diversos posibles fácticos, y la crítica de cada suceso por su contrario. Ello, en el terreno de la historia, se traduce en el desmantelamiento del mundo postridentino castellano: todo lo que este mundo excluyó (el ocultismo, el judaísmo, lo erótico, las cosmogonías de los indios americanos) se perpetúa a través de los Juanes Agripa, Ludovicos y Celestinas a lo largo de los siglos. Entre ceniza y nubes, los bastidores desiertos de la desolación: autofagia, exterminios, escombros. Desde la Castilla de Felipe II al México de Maximiliano y Carlota, la visión de lo hispánico es épica, sátira y elegía. El ser se desvanece: habla una voz sin voz, palabras de silencios y fragores, un estrépito mudo, una claridad velada por crespones.

Radiografía, pues, de un gigantesco fracaso histórico, del lúgubre esplendor de un imperio necrofílico: «historia de una inseguridad», para recurrir de nuevo a una expresión de Castro. No sólo la inseguridad fundamental de la hidra — las mil cabezas y las lenguas bífidas de ponzoña y rubíes — de la España filipina, sino la inseguridad en su propio ser que define al hombre moderno. Ordenación de lo visible y lo invisible por la escritura; interpretación de lo real por el pensamiento mágico. Sobre todo, polarización incandescente entre dos opuestos: ortodoxia y heterodoxia, lo clausurado y lo abierto, la lógica tomista y el ocultismo, la voz del cuerpo y la exclusión del cuerpo. Visionaria, la obra constituye un organismo autónomo, rotatorio, que se hace y deshace. La tela de Penélope, y también la rueda de Juanelo. Latidos, pulsiones, pulsaciones: el lenguaje de Fuentes crepita y palpita. Es susurro y es fosforescencia.

Terra Nostra es una de las mayores novelas mundiales de las últimas décadas, una de las contadísimas que ensanchan los límites del género, los desbordan, devuelven en la imagen de la escritura la imagen del hombre y de la Historia al tiempo que formulan una propuesta estética radicalmente indagatoria. Los niveles textuales más diversos se entrecruzan en un fuego graneado. Las palabras herrumbosas y chirriantes de un cronista, el discurso mohoso de un teólogo, la remota voz de un hechicero, la salmodia de un saludador, el tartajeo de un orate. El texto prolifera, se dispara en todas direcciones, centellea, cambia al girar como un prisma bajo la luz. Estallidos y hogueras. En un paisaje de polvo, un castillo de cristales ígneos. Este cortejo de arlequines locuaces y patéticos — con cadenas de galeote, con cuchillas de verdugo, con cascabeles de bufón, con sambenitos de relapso, con púrpura, con ropas talares, con estameña, con sayas, con cilicios, con escudos — se precipita en la cegadora luz final del planeta de los cuerpos. Idéntica, inasible, silenciosa, la claridad del cuerpo opera la transmutación alquímica del lenguaje. En este laboratorio de sombras, como el homúnculo nace de la raíz de la mandrágora, el hombre nace al verse a sí mismo en el acto de la posesión, que es — al igual que la escritura — un exorcismo y un rito. Contemplar la propia imagen desdoblada: escritura, cuerpo de todos que es cuerpo de nadie, rostro bifronte que es — aquí, tangible y transfigurado — nuestro propio rostro, borrándose ya mientras nos mira desde la página devuelta súbitamente a la ausencia del espacio en blanco.

CÍRCULOS Y METAMORFOSIS

L AS primeras páginas de *Recuento* de Luis Goytisolo sorprenden a la vez por su concisión y por su sensorialidad. Es, quince años más tarde, el mismo mundo de algunos capítulos de *Las afueras* (1958), primera novela del autor, sometido aquí a síncopa y elipsis: destellos, fogonazos discontinuos. La prosa es de una sequedad admirable y nunca desmentida, pero al propio tiempo lo que en ella adquiere mayor relieve es la precisión en los datos del entorno accesibles a los sentidos. No hay anécdota: hay jirones, momentos aislados de anécdota. Es, sólo entrado el capítulo caeremos en la cuenta, la perspectiva de la percepción infantil. La conciencia del narrador es impersonal, pero su ámbito es el mundo de la infancia. Nos hallamos en el primer círculo: la lectura de *Recuento* es traicionera, porque cada capítulo abrirá un nuevo círculo, un nuevo nivel estilístico, y las sucesivas apariencias que ofrecerá la novela (costumbrismo, confesión generacional, controversia civil, sátira social, por citar quizá las más llamativas) sólo se revelarán engañosas o parciales en la medida en que advirtamos el sentido de las metamorfosis denotadas por cada círculo narrativo, y el valor de los elementos reiterados o emblemáticos que subsisten y reaparecen a lo largo de todas ellas. En este sentido, las últimas páginas del libro son decisivas; *Recuento* es otras cosas, pero en el plano estrictamente argumental no es lo que más parece ser — una novela sobre Barcelona o Cataluña o sobre la clandestinidad política en la España de posguerra —, sino una novela sobre una etapa de la vida de un individuo, que de la crisis neurótica le llevará al intento de resolver su problema fundamental — la relación con el medio — a través de la creación literaria. De ahí, en estas páginas finales, la vuelta al pasado: todo empieza de nuevo, hay que volver a recapitular desde los días de Vallfosca, hay que redescubrir la identidad de cada ser y de cada instante, rescatarlo una vez más, indagar en su esencia mediante la escritura.

Centrado así lo que para mí es el eje narrativo central de *Re-*

cuento, me consideraré dispensado de atender a otra cosa que lo que es negocio propio del crítico literario, esto es, el examen de los recursos y procedimientos empleados por el autor para estructurar su novela, recursos y procedimientos cuya funcionalidad básica acabo sumariamente de indicar. Pocas novelas peninsulares recientes se prestarían probablemente tanto como *Recuento* a la polémica, en razón de la naturaleza misma de los elementos de los que se vale el autor para evidenciar el proceso anímico de su protagonista, y en razón del peculiar punto de vista en que se sitúa Luis Goytisolo (el de un catalán de expresión castellana). Puesto que el papel de tales elementos es funcional respecto al sentido general de la obra, puesto que no lo explican, la polémica a que aludo no puede ser sino extraliteraria, y centrar en ella el interés de *Recuento* sería desfigurarla como obra artística. Que mi personal punto de vista respecto a los problemas del catalanismo sea divergente en ciertos aspectos, e incluso en algunos de ellos casi opuesto, al perceptible en Goytisolo, es, por ejemplo, un dato al que, en tanto que crítico literario, no concederé lugar en la exposición que sigue. Con ello trato de decir que una lectura política de *Recuento* no sería en mi opinión más pertinente que una lectura política de *Volverás a Región* o de *Reivindicación del conde don Julián:* lo que tales libros requieren, cualquiera que sea el papel que lo político tenga en sus páginas, es una lectura estética y moral, precisamente porque no se proponen ser otra cosa que una obra literaria.

No he citado al azar estos dos títulos: con dichas novelas, y con *Tiempo de silencio* de Luis Martín-Santos, *Recuento* es en mi opinión una de las cuatro obras más importantes de la narrativa española de posguerra. De todas ellas, es *Recuento* la que más difícilmente hace visible su novedad: el patrón elegido por Goytisolo — la sucesión, y posterior intercomunicación y permuta, de grandes bloques estilísticos diferenciados — es un procedimiento de índole temporal, por oposición, no ya a la espacialidad de los microcontextos versales de *Don Julián,* sino incluso al patrón homogéneo, tan distinto, que da el tono en los casos de Benet y Martín-Santos, y la diafanidad con que los incidentes de la trama, sujetos a los cauces de la narratividad usual, pueden ser captados — mientras que, en *Volverás a Región* o en *Don Julián,* son precisas varias lecturas para reconstruir la sucesión de los hechos — tiene su contrapartida en la exigencia ineludible de que el lector se halle en disposición de reconocer el tránsito de un área de estilo a otra, y el sentido de sus relaciones: un arte del tiempo y de la estructura.

A primera vista, el género preferido de Luis Goytisolo — por lo menos, el que se halla presente de modo más constante en las páginas de *Recuento* — parece ser lo que podríamos llamar la parodia impasible. Es decir, la parodia basada, no en la deformación o caricaturización de los datos del caso, sino en su transcripción fidelísima y escueta, pero descontextualizada, de modo que, al aislarla de su contexto habitual y confrontarla con otros, se convierta en un ejemplo de discurso irracional bajo su apariencia, o mejor dicho pretensión, de máxima racionalidad. Este procedimiento requiere, de una parte, capacidad singular de observación, de recreación del enguaje hablado (es el aprendizaje del behaviorismo que presidió la anterior producción del autor, y del que aquí son clara muestra los diálogos del capítulo dedicado al campamento militar) y, de otra, aptitud para el *pastiche,* ya sea de un género literario existente o de la convención lingüística de un grupo social determinado. El área social acotada por *Recuento* es relativamente reducida (la burguesía catalana castellanizada en primer término, más algo de la ruralía y el proletariado urbano), pero en ella abundan, en cambio, los idiolectos caracterizados: el de Mr. H-Escala (todos los personajes importantes del libro tienen dos nombres; son dos, es decir no son nadie, no poseen caracterización psicológica particular: son tipología, no individuos) es, por ejemplo, el de la línea del P.S.U.C. en los años cincuenta; los parlamentos de Escala son una sátira implicable, y extremadamente lograda en el plano literario, del lenguaje oficial del marxismo de la época, y ello precisamente porque Goytisolo tiene buen cuidado de no ridiculizar al personaje: es la distancia entre sus palabras y la realidad, entre su designio de extrema trabazón racional, entre la estructura mental así erigida y los hechos concretos lo que da a cada nueva intervención de Escala un carácter más delirante y fantasmagórico. La tía Montserrat, aunque formada en el falangismo, tiene un dialecto más individualizado: no es una falangista impersonal, sino un personaje concreto, resultado de una determinada concurrencia de circunstancias; pero sus tics verbales, sus obsesiones y manías, sus giros propios terminan, como en el caso de Escala, por otorgar autonomía a su discurso. No es ya el discurso de Montserrat — personaje, por otro lado, muy bien caracterizado, a la vez ridículo, tierno y patético, y a fin de cuentas uno de los más simpáticos del libro, quizá, con Raúl, la única excepción a la ausencia en él de individualidades definidas que apunté antes —, sino el discurso de una voz inidentificable, que podrá suplantar a la voz narradora o confundirse con ella. Pero veamos qué es aquí la voz narradora, y la relación esencial que con ella guarda el empleo de lo que he llamado la parodia impasible.

En cada tramo de *Recuento* no es, sólo aparentemente, un problema saber quién está hablando. Un narrador impersonal, y diríase que colectivo, al principio y hasta el capítulo del campamento militar: no un magnetófono — como pudo decirse de *El Jarama* — sino varias cintas magnetofónicas superpuestas. Pero, a partir del momento en que Raúl y Aurora buscan refugio en las torres de la Sagrada Familia, irrumpe una voz extraña, alguien a quien no se había invitado y que parece incluso ajeno a las necesidades de la narración: un cicerone, o un intempestivo lector de una guía histórico-monumental de Barcelona. Sucesiva o alternadamente tomará la palabra dicha voz, o la de un arqueólogo, o la de un medievalista, o la de un sociólogo: tales voces se mostrarán cada vez más indisociables de las de los hablantes del libro, ya sean éstos Escala, el padre de Raúl, o la tía Montserrat, por citar sólo algunos de los más locales. La diferenciación entre esas voces y las de los cicerones o eruditos del pasado barcelonés será cada vez más difícil de delimitar, en virtud de una progresiva neutralización, en las transiciones de una a otra, de las particularidades expresivas que las distinguen; por lo mismo, los diversos hablantes podrán fácilmente confundirse. Así, una gran parte del libro descansará en un empleo homogéneo y constante de la parodia impasible. Como en algunos de los más logrados relatos de Nabokov — baste recordar *Pale Fire* o la misma *Lolita* — la credibilidad (ideológica, estética e incluso factual) del narrador desaparece. El funcionamiento de la obra descansa en el divorcio entre el autor y la voz narradora, y la ironía es ininterrumpida y sistemática: los personajes o las voces hablan en serio, pero el autor no espera de nosotros que nos tomemos en serio lo que dicen, sino todo lo contrario. Los grandes períodos discursivos en que en su segunda mitad tiene tendencia a agruparse la exposición de *Recuento*, se configuran así como amplios segmentos paródicos de irracionalidad, de falsa racionalidad, y ello no sólo cuando hace irrupción la parodia explícita (como en la imitación de los clisés de la literatura pornográfica) sino cuando parecemos estar cerca del discurso narrativo normal: la presencia de determinadas muletillas de la conversación convencional de la burguesía (el constante recurso al «por ejemplo» o al «sin ir más lejos»), o, sobre todo en el último capítulo, el empleo de amplias comparaciones, parecidas a las que gustaba de hacer Proust, pero que, en vez de cumplir una función de síntesis, de *raccourci*, como en la *Recherche*, se traducen en amplificaciones e insistencias, y en último término en demoras del ritmo — es decir, un uso inverso al proustiano — son algunas muestras de las distancias que el autor se toma con respecto a la voz narradora incluso en los momentos en que ésta no cae en lo grotesco involuntario de un modo patente.

Sin embargo, y pese a que Luis Goytisolo posee quizá como ningún otro escritor peninsular actual el don de la observación y transcripción de la estupidez, lo ridículo o desaforado, la convención vacua o la incoherencia, *Recuento* no es ciertamente una farsa, como quizás algún lector pudiera haber inferido de la rápida caracterización que he tratado de hacer de algunos de sus procedimientos estilísticos. No lo es, ante todo, porque el procedimiento que acabo de resumir no es el único que aparece en *Recuento*, aunque domine su segunda mitad, y también porque su papel aparece subordinado a un proyecto más vasto. El tema de *Recuento* es, esquematizando, el que domina la literatura española de posguerra, y concretamente las otras tres novelas capitales de dicho período, que no guardan con ésta relación estética inmediata. Lo enuncié al principio: el conflicto del individuo y el medio. No solamente el medio social, sino la relación humana, lo exterior: crisis de la individualidad, de la familia, de la cohesión social, de la idea de comunicación y de la colectividad, que hace converger el mito psicoanalítico del claustro materno, el mito represivo de la educación familiar infantil y adolescente, el mito de la tabuación de la sexualidad, el mito del grupo humano — núcleo de amigos, partido, ciudad o Estado. En *Tiempo de silencio* y *Volverás a Región* triunfan destructoramente estos últimos elementos, mientras que en *Reivindicación del conde don Julián* lo esencial es el enfrentamiento, la rebelión del individuo contra ellos, la opción transgresora: lo exterior, la contrafigura odiada, es un desdoblamiento de la individualidad del narrador, pero en su simultánea posesión profanadora (episodio de la violación) y arrasamiento (invasión de las huestes de Tariq, aniquilación de Alvarito) el narrador se libera de ella.

Dicha liberación se produce también, por otro camino, en el Raúl de *Recuento*. En los primeros capítulos, la voz es colectiva porque, hasta que toma su primera decisión adulta — la entrada en el partido comunista —, Raúl es uno más, un individuo como otro en un medio determinado: la infancia, el colegio, el veraneo en Vallfosca, las amistades juveniles. A partir de la adhesión al marxismo, Raúl discurrirá fundamentalmente entre tres órdenes de voces:

la ortodoxia que ha elegido — discursos de Escala o del padre de
Leo, que son el negativo degradado de los de Escala —, la que trata
de hacerle suyo, es decir, la supervivencia del núcleo familiar y
social — discursos del padre o de la tía Montserrat — y la del pasado de la colectividad, pasado, al que, a diferencia del protagonista de *Reivindicación del conde don Julián,* no se enfrenta, sino
que queda como asumido en él, porque responde a la vez a las dos
corrientes polarizadoras que se lo disputan: las descripciones históricas y arqueológicas, urbanísticas o sociológicas, participan tanto del
mundo de Escala (análisis de la historia, datos concretos) como
del mundo familiar, en la medida en que la burguesía barcelonesa
se inserta en este ayer y se considera su legataria. La desaparición
final de todas las voces e incluso del escenario de Barcelona, sustituido por Rosas, marca el momento en que Raúl resuelve por su
cuenta el problema: desde ahora ha de ser la escritura lo que dé
sentido al mundo. Significativamente, Raúl llega a esta solución después de dos episodios capitales: su intervención en el asunto Plans
tras la muerte del padre de Núria, suceso que lo convierte, objetivamente, en agente de una conducta que le hubiera sido impensable
en su época de adhesión al marxismo, y su tardía segunda detención,
cuando se halla ya alejado de la militancia y sólo desea romper ama-
rras con su pasado. Es en la cárcel donde empieza a escribir. En
adelante, el conflicto neurótico de Raúl deberá plantearse en otros
términos. Sólo dos problemas esenciales quedan para él en pie: el
papel que la literatura, recién descubierta, desempeñará de modo
efectivo como catalizador, y la continuidad de la relación con Núria. La transición hacia este nuevo punto cero del protagonista viene señalada, en el terreno estilístico, por la adopción de una escritura más abstracta y metafórica, que tenderá a la divagación y a la
alegoría, y podrá confundirse con las propias anotaciones de Raúl
para el libro que proyecta escribir. *Recuento* es el primer volumen
de una serie, de un ciclo de cuatro novelas: la situación final del
personaje habrá de ser sin duda el punto de partida del título que
siga.

    He sintetizado, espero que no con excesiva tosquedad, lo que a
mí me parece puede ser un hilo conductor de la lectura de *Recuento.*
En una obra tan extensa y tan amplia en sus implicaciones, tan re-
plegada y desplegada en correspondencias internas, en resonancias
y juegos de equivalencias (véase el papel del caballo blanco, desde
el que aparece en las primeras líneas, hasta el «White Horse» del
campamento, el caballo blanco de Santiago o el de san Jorge) sólo

un detenido estudio estilístico estructural podría dilucidar el papel, la proporción y los contagios de los distintos niveles de estilo. Aquí me he propuesto únicamente indicar algunas pistas o vías de lectura y dar idea de ciertas líneas de fuerza de la obra. Verdaderamente definible como *work in progress*, *Recuento* cuenta con la temporalidad, con el decurso de la lectura, para hacerse ante los ojos del lector, para configurarse o encarnar en diversas entidades estéticas sucesivas. Relato de un itinerario, de una recapitulación — de ahí el título, voluntariamente ambiguo por lo demás, que remite también a la noción de relato, de *racconto* —, la novela es en sí misma un itinerario: itinerario hacia la identidad de Raúl, itinerario hacia la formulación estética que englobe y cohesione los distintos estilemas procedentes. Luis Goytisolo ha conseguido, no sólo la obra maestra que de él cabía esperar desde *Las afueras*, sino una de las novelas más importantes de la literatura castellana de las últimas décadas.

LUIS GOYTISOLO: OBRA EN MARCHA

EL primer capítulo de *Los verdes de mayo hasta el mar* es circular: empieza y termina con una misma imagen, e incluso con las mismas palabras, «El viejo». Muchos lectores tardarán cincuenta páginas — lo que dura el capítulo — en percibir del todo que lo narrado en la página inicial es un sueño del protagonista. El dato es significativo tanto respecto a la estructura misma de la obra como respecto a las características que la diferencian de la anterior novela de Luis Goytisolo, *Recuento*. Aquel libro consentía en apariencia una lectura en clave de crónica realista respecto a la vida barcelonesa de posguerra. Pero, como digo, y como traté de demostrar en su día, semejante lectura se basaría en una fundamental incomprensión de la obra, en un equívoco completo respecto a su verdadera intencionalidad, como lo probaba el hecho de que desde dicho prisma no fuese posible, en modo alguno, dar cuenta de las mutaciones y contagios entre diversos niveles de significación que de forma cada vez más acentuada se iban produciendo a lo largo de su desarrollo y que culminaban en la identificación final entre el proceso generador de la novela que estábamos leyendo y las anotaciones que para la suya — regresando al punto de partida, al ámbito infantil de Vallfosca — empezaba a tomar Raúl. En el caso de *Las verdes de mayo hasta el mar*, segundo libro del ciclo general *Antagonía*, la posibilidad misma de un equívoco de esta índole queda excluida por Luis Goytisolo en virtud de la propuesta estética. La base documental de la obra es muy sólida y posee cualidades análogas a las que en esta zona hallábamos en *Recuento*: un sentido infalible de la observación — particularmente dotado para subrayar, sin asomo de énfasis, la estupidez y los rasgos grotescos involuntarios de la vida diaria y los idiotismos del lenguaje coloquial — y una precisión obsesiva, casi flaubertiana, cuya voluntad de nitidez y exactitud desemboca finalmente en lo poético, a la hora de restituir los datos sensoriales. Pero diríase que, en *Los verdes de mayo hasta el mar*, el desarrollo de tales ingredientes es llevado a extremos que desbordan voluntariamente su marco y convierten a la novela en crítica de sí misma; destruyendo el armazón realista externo, postulan no ya dejar al descubierto lo autónomo de la obra, sino el carácter ficticio — una convención de segundo grado, posterior a la del realismo — de la propia escritura. Queda así el campo libre — pura nada del blanco tras los signos que llenan la página — para que el sustrato último de la operación llevada a cabo por Luis Goytisolo se manifieste en forma aún más evidente que en *Recuento:* nos movemos, finalmente, en el mundo de lo onírico y del inconsciente, en la región del arquetipo y el mito.

Las claves del laberinto

He dicho al principio que la imagen del viejo era un sueño del protagonista del primer capítulo. Empleé la expresión en gracia a la brevedad; el protagonista carece de identidad. Puesto que es pariente de Matilde Moret — emparentada con los Ferrer Gaminde de *Recuento* — y puesto que ésta, en una carta, la llama Raúl, podríamos pensar (ya que en ningún otro momento de la novela se le da nombre alguno) que es el mismo protagonista — en la medida en que lo haya —: es o puede ser también Raúl, pero no sólo Raúl. De hecho, el protagonista en «un escritor» — es decir, si se quiere, Raúl en la medida en que es escritor, o el escritor en la medida en que es Raúl — y lo que la novela «cuenta» es su escritura. La aparición del viejo, abrupta, al inicio, era un primer síntoma; las zonas sofrenadas y latentes de la obra desmontarán — como en *Recuento,* pero aquí en forma más agresiva y notoria — su estructura realista aparente. Las notas para la escritura — véase, por ejemplo, la sucesión de frases presuntamente ingeniosas de Pompeyo — suplantarán a la escritura codificada; un juego de espejos y reflejos convertirá a unos personajes en metáforas de otros — o de sí mismos — y su identidad individual sólo existirá provisionalmente: Carlos, Aurea, o Cecilia, existen porque son escritos. La novela no ocurre en Rosas, porque Rosas «está» en la escritura. Retrospectivamente, este dato puede arrojar luz complementaria sobre el papel asignado a la mitología barcelonesa en *Recuento.* Del mismo modo, el procedimiento de comparaciones dilatadas, de efecto dilatorio respecto a la acción que en principio debiera narrarse, se centra aquí progresivamente en componentes psicoanalíticos y termina por mostrar de forma declarada su verdadera naturaleza: es un discurso paralelo al de la narración, que corrige a éste y lo remite al área desde la que debemos asumirla, la de la faz oculta de la conciencia.

Transfiguraciones

Procedimientos como los apuntados cuentan, según es habitual en Luis Goytisolo, con que la lectura es una operación temporal. Actúan por acumulación y desvelamiento gradual. En *Los verdes de mayo hasta el mar*, sólo el último capítulo — tras el cual creo obligada una relectura, a su luz, de los precedentes — organiza definitivamente los materiales, recogiendo las pistas dadas, de modo incidental o no, con anterioridad. El admirable *tour de force* técnico que representa toda la obra adquiere en el capítulo final su manifestación más extrema y arriesgada: ahora el lector no puede sustraerse ya a aquello para lo que se le venía preparando cada vez más, y deberá aceptar el salto hacia una cadena de transfiguraciones que le llevarán desde la regresión a estados de sexualidad infantil y preconciencia hasta los temas náuticos — Ulises y Julio Verne — o a la coexistencia de vivos y muertos en el espacio de la escritura y la final petrificación — en el sentido propio de la palabra — de los participantes en una orgía metafórica, periplo a la vez corporal, marino y mental. La audacia del planteamiento y el espléndido control de los medios con que se ha llevado a cabo hacen de la obra una de las más importantes y verdaderamente nuevas de la actual narrativa en castellano.

TEMAS Y PROCEDIMIENTOS EN LA POESÍA
DE JOAN BROSSA

L a cohesión interna de la poesía de Joan Brossa — perceptible desde su volumen inicial, *Fogall de sonets* (1943-48) hasta *Avanç i escampall* (1953-59), que cierra *Poesia rasa* (la producción posterior del poeta es aún conocida demasiado fragmentariamente para poder hablar de ella de una manera global) — constituye, como pocas veces ocurre en el curso de la historia literaria catalana, un *corpus* autónomo, en constante desarrollo y transformación: un mundo poético propio, cerrado y al mismo tiempo en evolución permanente. (Y ello hasta el punto de destruir la retórica tradicional y, finalmente, la palabra misma: estoy hablando naturalmente, de la más reciente etapa de poesía concreta, que, como las anteriores muestras de aquello que podríamos llamar «antipoesía» — tendencia desmitificadora iniciada en *Em va fer Joan Brossa* [1953] — queda un poco al margen de mi propósito crítico actual, que es básicamente el de establecer un primer catálogo de imaginería, temas y procedimientos estilísticos, ausentes casi totalmente, por definición, de la «antipoesía» y, con más motivo aún, de la poesía concreta.)

Fogall de sonets, libro-clave de bóveda de la primera poesía brossiana, constituye un caso único en la literatura catalana y casi me atrevería decir que un caso límite en el contexto de las literaturas europeas contemporáneas. Se trata de una aplicación arriesgadamente literal del principio de la escritura automática y, al mismo tiempo, de un esbozo revelador de algunos de los temas y procedimientos que serán constantes de la obra brossiana. Efectivamente, una de las singularidades de esta obra radica en el hecho de que ni siquiera cuando es más ideológica — es decir, cuando se trata de poesía realista, directa, incluso de combate — deja de lado las constantes propias del período automático, que normalmente responden a arquetipos del inconsciente colectivo o a obsesiones muy definidas de la personalidad del poeta. La empresa fundamental de la poesía brossiana ha sido, en último término, la superación del círculo vicioso que hacía del vanguardismo y el realismo dos tendencias irreconciliables: un Aragón o incluso un Éluard dejaban de lado muchas de sus indagaciones estilísticas y temáticas del período surrealista y volvían a algunos procedimientos de la estética tradicional para escribir poesía realista.

Brossa, trabajando bajo otro condicionamiento histórico y perteneciente a otra generación, ha sido paradójicamente más lúcido, o, cuando menos, ha tenido tiempo de comprobar cómo se hundían muchas de las ilusiones que había despertado el retorno al realismo tradicional, y ha podido aportar esta experiencia a su poesía arraigada en la realidad del país. La obra de Brossa es, pues, una encrucijada decisiva en la evolución de la poesía de vanguardia; la incorporación del vanguardismo a una temática conexa con la realidad no supone en ella ninguna contradicción de términos. Estas notas, que tienen el propósito de ser principalmente un primer sondeo, no aspiran sino a abrir un camino que en cualquier caso habrá de completarse con estudios posteriores sobre otros aspectos léxicos y estilísticos de la poesía brossiana.

El primer tema de la poesía de Brossa — de hecho, el primer tema de cualquier poeta — es la palabra misma. Esta preocupación es, en el caso de Brossa, tan capital que determinará progresivamente el desnudamiento de su poesía, concentrada cada vez más sobre la fuerza inmediata de las palabras cotidianas: proceso de fascinación por la palabra parecida a la fascinación por el concepto propia de la poesía barroca, pero que conducirá a resultados completamente antagónicos, principalmente debidos a la evolución ideológica de nuestro poeta. Esta obsesión por la palabra se traducirá pronto en *calembours* y juegos fonéticos. Un final de verso, en *Fogall de sonets* («La muntanya de l'Orsa», *Poesia rasa*, p. 77) [1] dirá (subrayemos también el encabalgamiento brusco con el verso siguiente):

Un peix dins el fanal, damunt un munt de
Pedres.[2]

---

1 La paginación de las citas corresponde a la edición de *Poesia Rasa* de 1970 publicada por Ariel en la Col·lecció Cinc d'Oros.

2 *Un pez en el farol, sobre un montón de / piedras* (traducción meramente literal, como todas las que siguen. Por lo demás, gran parte de la obra de Brossa, basada en valores semánticos, pierde sentido traducida).

(He dejado en redonda, como haré cada vez que sea necesario aislarlas del contexto, las palabras del caso.) Más sutilmente, en *Romancets del Dragolí* («El capità Matamoros», *Poesia rasa*, p. 114):

> El rei moro de Granada,
> Se l'emporta a l'Empordà.[3]

Y en *Sonets de Caruixa* («Rosa de sempre», *Poesia rasa*, p. 140).

> Carbó cabró *amb què caig ser cremat* [4]

Y, aún, en *Catalunya i selva* («El gran niu», *Poesia rasa*, p. 285).

> Carrega avui la tarda; la lleona
> Té la galleda a la muntanya i pensa
> En mar i mare.[5]

Del juego de palabras pasaremos muy pronto a la fascinación por la palabra pura, por la palabra inventada, sin sentido. Unos cuantos ejemplos: en *Romancets del Dragolí* («La sirena de la nit», *Poesia rasa*, p. 97), este final sorprendente:

> Badic,badac,llanut,llanat,
> Banyc,banyec,banyuda,banyut,
> Camacurt,becaruc banyuda,
> Banyega,flairit,flairut.[6]

Estas palabras se mueven aún dentro de un campo semántico conocido,[7] aunque sea imposible «traducir» su sentido. Pronto, sin embargo, encontraremos ejemplos imposibles de emparentar con ninguna etimología usual, y aún más inquietantes por el hecho de contrastar violentamente con un contexto que no hacía esperar esta irrupción de palabras extrañas. Veamos dos ejemplos característicos. Uno, también de los *Romancets del Dragolí* («El rellotge de sol», *Poesia rasa*, p. 109):

---

3   *El rey modo de Granada / se lo lleva al Empordà.*
4   *Carbón cabrón con el que me quemaron.*
5   *Carga hoy la tarde; la leona / tiene el cubo en la montaña y piensa / en mar y madre.*
6   Intraducible (cfr. nota siguiente.)
7   *Badic, badac*, relacionables con *badar*, creo que en la acepción de «estar contemplando algo»; *llanut, llanat*, de *llana*, «lana»; el segundo verso, de «banya», «cuerno», y así sucesivamente.

Fer giravoltar el paraigua
Mai cap bé no pot portar.
Maritunga orinupa,
Maratunga xuripà.[8]

El otro, de *Sonets de Saruixa* («Sonet de l'anyell indòcil», *Poesia rasa*, p. 158):

Que la poma rodona que ha plogut
Es puny superior que agafa i mulla
— Fumanya! Ulmut! — la meva solitud.[9]

Dejando de lado ahora la posible implicación lúdica del primer caso, teniendo en cuenta las características popularistas de los *Romancets del Dragolí*, creo que es importante subrayar que en ambos casos la aparición de palabras extrañas adopta un aire de invocación y se produce dentro de un contexto de magia (magia popular en el primer caso; visión suprarreal en el segundo). Se trata, pues, de un efecto estilístico que tiene por objeto remedar las palabras secretas de los conjuros mágicos mediante la invención de palabras. (De hecho, este procedimiento era frecuente para crear un clima de misterio o exotismo en la poesía romántica: Victor Hugo nos proporciona muchos ejemplos, particularmente en *La légende des siècles*.) En el caso de Brossa, se trata de comunicarnos una visión mágica de la naturaleza, relacionable, de un lado, con las tradiciones populares, y del otro, con arquetipos del inconsciente y con determinadas tradiciones místicas — principalmente orientales, aunque libremente elaboradas — que responden a ellos. El mundo de la magia popular, de los cuentos o de las supersticiones del campesinado catalán, es a menudo muy visible. Así, en *Fogall de sonets*, el tema de la pata de conejo («Flama edificada», *Poesia rasa*, p. 48) y, en el mismo libro, el de la camisa puesta al revés, que Brossa conoce por tradición popular:

La camisa al revés és un encert [10]

---

8 *Voltear el paraguas / nunca será para bien / Maritunga orinupa, / Maratunga xuripà.*
9 *Que la manzana redonda que ha llovido / Es puño superior que coge, y la moja / ¡Fumanya! ¡Ulmut! mi soledad.*
10 *La camisa al revés es un acierto.*

(«Tro estrellat, *Poesia rasa,* p. 79.) Volvemos a encontrar este tema en *Romancets del Dragolí* («El ventall fresc», *Poesia rasa,* página 118):

> Dur camises al revés
> No ho deurien consentir.[11]

También típicamente popular catalán, el tema del decimotercer viento. Un ejemplo, de *Sonet de Caruixa* («Primer nocturn», *Poesia rasa,* p. 123):

> La lluna resta fora al vent tretzè.[12]

Y del mismo libro («Devorada nebulosa, II» *Poesia rasa,* p. 123):

> Damunt els pics, el tretzè vent mes alt [13]

Por afinidad, el tema de la decimotercera campanada del reloj, que responde a una vivencia muy frecuente (Eliot, en *The waste land,* nos ofrece una variante):

> Tretzena campanada iŀluminada [14]

(«Peix floral», en *Catalunya i selva, Poesia rasa,* p. 282.)
En el ámbito de esta visión mágica de la naturaleza se mueven tres de las obsesiones más características de la poesía brossiana: la personificación, o, más exactamente, el animismo; la repetición, y, finalmente la interrelación del mundo natural y el mundo de los objetos del hábitat humano. Por lo que respecta a la personificación, ya en *Fogall de sonets* («Caldera d'abelles», *Poesia rasa,* p. 45) leemos:

> ...La terra és un home i vibra.[15]

Y en el mismo libro («La muntanya de l'Orsa», *Poesia rasa,* página 77):

---

11 *Llevar al revés camisas / no debiera permitirse.*
12 *Se queda fuera la luna, en el decimotercer viento.*
13 *Sobre los picos, el decimotercer viento más alto.*
14 *Decimotercera campanada iluminada.*
15 *La tierra es un hombre y vibra.*

Oh cor! Tot el meu cos és la muntanya! [16]

Porque, poseído por los misterios del mundo natural, el mismo cuerpo del poeta se convierte en un objeto mágico. En *Fogall de sonets* («Tro estrellat», *Poesia rasa*, p. 79) leeremos:

Peix de mig cos avall... [17]

Y en el mismo libro («El nivell i el caos», *Poesia rasa*, p. 84):

Mig peix i mig persona... [18]

Porque el cuerpo del poeta tiene todas las formas posibles, recoge la savia múltiple de las fuerzas profundas de la naturaleza:

Als nostres cossos, fills de troncs nuosos,
Brotin ramatges. [19]

(«El bosc», *Odes rurals*, *Poesia rasa*, p. 217.) Y también se proclama que

Si el cos humà no és conductor de llamps
Qualitats tristes toparan en lluita. [20]

(«Encesa primavera», *Cant de topada i de victòria*, *Poesia rasa*, página 234) y el poeta se describe a sí mismo en los términos siguientes:

De mig cos en amunt, de mig cos, forma
Humana; i en avall, forma de cabra. [21]

(«Anacreontica», *El tràngol*, *Poesia rasa*, p. 259.)
Esta imaginería proteica descansa en una visión animista del mun-

---

16 *¡Oh corazón! Todo mi cuerpo es la montaña.*
17 *Pez de medio cuerpo para abajo...*
18 *Medio pez y medio persona...*
19 *En nuestros cuerpos, hijos de nudosos troncos / Broten ramajes.*
20 *Si el cuerpo humano no es conductor de rayos / cualidades tristes toparán en conflicto.*
21 *De medio cuerpo para arriba, de medio cuerpo, forma / Humana, y para abajo, forma de cabra.*

do, influida a un tiempo por el evolucionismo y por el Zen que hallamos claramente formulada en dos pasajes escritos a diez años de distancia: el «Sonet del pur estrèpit» *(Sonets de Caruixa, Peosia rasa,* p. 165) y el poema «Set d'acció» de *El pedestal són les sabates (Poesia rasa,* p. 337). En el primer poema leemos:

> *El vent lluita per ésser flor, la flor*
> *Per ésser papalló, el papalló*
> *Per ésser peix, el peix per ésser jo,*
> *i jo, l'Arrel de la Creació* [22]

Más extensamente, el segundo poema nos dirá:

> *Després que flamejà el planeta Terra*
> *La vida dormitava en un abisme*
> *Mig esbossat en filaments de plantes*
> *jo ja existia*
> *Més tard curt i petit ja era un home*
> *Més tard gran i poblat sempre ascendia*
> *I no em puc extingir Ara em passejo*
> *Per Barcelona* [23]

Con este desenlace coloquial el poeta podrá (diciendo en realidad lo mismo) escribir en *Interluni (Poesia rasa,* p. 431):

> *Torno a aixecar-me i, amb la boca plena,*
> *sóc arbre de mil anys...* [24]

Este poeta vive, por otra parte, inmerso en una naturaleza animada. Con frecuencia siente una vida invisible en el interior de los objetos inanimados:

> *Que piula dins la penya? Tothom jura*
> *Que són bramuls de bèsties, però*
> *Sento una veu dintre la pedra dura* [25]

---

22 *El viento lucha por ser flor, la flor / por ser mariposa, la mariposa / por ser pez, el pez por ser yo / y yo, la Raíz de la Creación.*
23 *Después de llamear el planeta Tierra / la vida dormitaba en un abismo / Media esbozado en filamentos de plantas / yo ya existía / Más tarde breve y menudo ya era un hombre / Más tarde grande y poblado seguía ascendiendo / Y no puedo extinguirme Ahora paseo / por Barcelona.*
24 *De nuevo me yergo, y, con la boca llena / soy árbol de mil años...*
25 *¿Qué gorjea en la roca? Todo el mundo jura / que son bramidos de animales, pero yo / oigo una voz dentro de la piedra dura.*

(«El pa clavat», *Fogall de sonets*, *Poesia rasa*, p. 82.) Este tema reaparece en *Romancets del Dragolí* («Versos dedicats a uns mariners que van comprar cavalls», *Poesia rasa*, p. 100):

> *Que puc dir que dins les roques*
> *Un gall negre sol cantar.*[26]

En *Odes rurals*, libro, en un cierto sentido, de descubrimiento de la naturaleza, el poeta siente su misterio, su presencia al acecho:

> *Qui riu fort? Qui riu fort per la muntanya?*
> . . . .
> *No hi ha ningú. Ningú. Passen les herbes.*
> *Em deies res? Escolto atent. Silenci.*[27]

(«Camperola», *Poesia rasa*, p. 194.)

> *Qui al brocal del pou riu amb malícia?* [28]

(«Mata de trèvol», *Poesia rasa*, p. 195.)

Y, en otro caso, con el procedimiento de reiteración (la repetición también es típica de los conjuros mágicos) muy frecuente en Brossa:

> *Donin les flors tebior a les espatlles*
> *De qui amb mirada negra ulla les cases*
> *— Mirada negra, negra, ulla les cases,*
> *Ulla les cases.*[29]

(«La claredat creix», *Poesia rasa*, p. 214.)

(Nótese que en este caso la reiteración hace que se pierda la referencia inicial «de qui» y la «mirada negra» se convierta en impersonal, encarnación de fuerzas oscuras.)

Esta naturaleza animada — en la que creo que debe verse un eco de la influencia wagneriana en la poesía de Brossa — es suscepti-

---

26 *Puedo decir que en las rocas / un gallo negro suele cantar.*
27 *¿Quién ríe a carcajadas? ¿Quién ríe por la montaña? / No hay nadie. Nadie. Pasa la hierba. / ¿Decías algo? Escucho atento. Silencio.* (Relacionable — creo que es casual — con un conocido poema de Juan Ramón Jiménez.)
28 *¿Quién en el brocal del pozo ríe maliciosamente?*
29 *Que las flores den tibieza a los hombros / de quien con mirada negra escruta las casas / Mirada negra, negra, escruta las casas / Escruta las casas.*

ble también de visualizaciones obsesivas, que pueden recordar la pintura de Magritte o la del Bosco:

> *Al vent del bosc, li pintaré una cara.*[30]

(«Cap al tard», *El tràngol, Poesia rasa*, p. 252.)

> *El bosc nocturn té cara i no té cara.*[31]

(«Parc de Saint-Cloud», *Poemas de París, Poesia rasa*, p. 442.)

Esta visión, de raíz esencialmente romántica, incluye, como variante importante, la correlación e interrelación constante — que recoge la fórmula de la locomotora en un bosque expuesta por Breton — entre el mundo natural y los objetos creados por el hombre. Encontramos, primero, el tema de la vegetación y el mundo natural dentro de una habitación o recinto cerrado:

> *A l'habitació, una gran arbreda* [32]

(«Ampli finestral», *Fogall de sonets, Poesia rasa*, p. 54.)

> *Brollen roses al terra de la sala* [33]

(«El forat de l'àspid», íd., íd., pág. 65.)

> *Hi ha una roureda dintre de l'estanca* [34]

(«El filat», *Sonets de Caruixa, Poesia rasa*, p. 141.)

> *Plou i fa lluna al dèdal del recinte* [35]

(«Pom flotant», íd., íd., p. 142; variante que incluye una paráfrasis del popular «plou i fa sol».)

> *Onze quadres d'en Ponç a la boscúria* [36]

---

30   *Al viento del bosque le pintaré una cara.*
31   *El bosque nocturno tiene cara y no la tiene.*
32   *En la habitación, una gran arboleda.*
33   *Brotan rosas en el suelo de la sala.*
34   *Hay un robledal dentro de la estancia.*
35   *Llueve y luce la luna en el dédalo del recinto.*
36   *Once cuadros de Ponç en el boscaje.*

(«Força destructora», íd., íd., p. 155; variante inversa: el objeto artificial en el mundo natural, de acuerdo con la fórmula de Breton.)

Sota l'escala em fou donada arbreda [37]

(«Sonet de la molinera no present», íd., íd., p. 162.)

Per habitacions, grosses onades. [38]

(«Per comptes de literatura...», *Cant de topada i de victòria, Poesia rasa*, p. 229.)

Viatjarem en mobles per una horta [39]

(«Catalunya i selva», del libro del mismo título, *Poesia rasa*, página 269.)

*...no ajustarem l'anell
A cap ramatge obscur dins una sala* [40]

(«Esquerra amb nous braços», íd., íd., p. 270.)

Avancen cap al mar sales inmenses [41]

(«Dibuixat país», *El pedestal són les sabates, Poesia rasa*, p. 415.)

Con la misma naturalidad de la poesía primitiva podrá producirse una identificación cósmica entre el objeto doméstico y el mundo de lo desconocido:

Vogant cap al armari d'on venim! [42]

(«La torxa», *Fogall de sonets, Poesía rasa*, p. 68.)

Quizá podamos emparentar con el pasaje anterior otro del mismo libro, enigmático y sombrío:

---

37 *Bajo la escalera se me otorgó una arboleda.*
38 *En habitaciones, grandes olas.*
39 *Viajaremos sobre muebles por un huerto.*
40 *No ajustaremos el anillo / a ningún ramaje oscuro en el interior de una sala.*
41 *Avanzan hacia el mar salas inmensas.*
42 *Bogando hacia el armario del que procedemos.*

...He tret
la porta de l'armari. Ombreig restant
Amaga entre muntanyes el secret.[43]

(«Destrucció, íd., íd., p. 87.)

La poesía de Joan Brossa es, aún, *terra incognita,* un continente, otro mundo, aún por explorar. ¿Quizás estas primeras notas podrán servir de ayuda a quien en su día reanude este estudio? La importancia de esta obra lírica, fundamental en la historia de la poesía catalana moderna, pediría que, cuando menos, hubiesen cumplido esta función de búsqueda de algunos temas y procedimientos centrales a lo largo de las páginas de un libro — *Poesia rasa* — que es preciso considerar uno de los libros básicos de la literatura catalana de posguerra.

---

43 *He quitado / la puerta del armario. La sombra que perdura / oculta entre montañas el secreto.*

APROXIMACIONES A MANUEL PUIG

I

EL caso de Manuel Puig es muy peculiar en el contexto de la actual literatura latinoamericana. De todos los narradores recientes de esta área cultural, Puig es sin duda el que menos parece deber, no ya a la tradición literaria inmediata, sino pura y simplemente a cualquier clase de tradición literaria. Los materiales sociológicos en que se basa permanecen fuera de la zona acotada para la cultura «seria»: son subproductos de la cultura de masas, rescatados y asumidos —esto es lo más notable— no desde una perspectiva *camp*, sino como parte de unas vivencias colectivas, es decir, vistos desde dentro, desde la óptica de aquellos para quienes constituían un elemento esencial de la propia existencia. En el sistema referencial empleado por Puig no hay lugar para la ironía; hombre entre los hombres, el autor no se siente superior a ninguno. La cursilería del diario de Ester en 1947, es *La traición de Rita Hayworth,* o de las películas que Molina relata a Arregui en *El beso de la mujer araña* no son objeto de desdén por parte del autor: sus personajes, en el orden de los sentimientos, creen en lo que dicen, y su alienación podrá despertar compasión, pero no sarcasmo.

Por otro lado, la construcción de las novelas de Puig, inconfundible, resulta extremadamente atípica. Cierto, no hubiera sido posible sin determinados antecedentes literarios, dado el relieve que en ella adquieren técnicas tales como el monólogo interior o el behaviorismo; pero lo más característico de ella, lo que determina su singularidad, no pertenece —no pertenecía hasta ahora, mejor dicho— al ámbito de la literatura. Más allá del hecho biográfico concreto de que cursó estudios en el Centro Sperimentale di Cinematografia de Roma, y durante algunos años trabajó en tareas de ayudante de dirección cinematográfica, nos importa un dato de alcance generacional: Puig pertenece a la primera promoción para la cual el cine

— y no precisa ni principalmente el cine de ambición artística o intelectual — constituyó, desde la niñez, a un tiempo la plasmación visual de los propios sentimientos y la propuesta de un mundo distinto, basado en una fundamental impostura estética y moral. Esta impostura estaba hecha a la medida, no sólo de las normas de censura vigentes hasta la década de los sesenta para el cine mundial, sino de las exigencias de un público vasto e indiscriminado que no pedía — ni sigue pidiendo — sino ser engañado. Ha variado sólo la naturaleza del engaño: antes se le mentía con el falso romanticismo de los melodramas sentimentales, hoy con el falso erotismo o la violencia. En cualquiera de estos casos, de acuerdo con una convención rigurosamente codificada, que excluye tanto cualquier posibilidad de transgresión y heterodoxia como cualquier pretensión de configurar un verosímil fílmico.

Convención: con frecuencia el gran arte ha sido convencional. Lo es Racine, lo son los poetas petrarquistas, lo es Calderón de la Barca. Los principales directores del cine americano clásico — desde Cukor hasta Minnelli — han alcanzado sus mayores logros con frecuencia en la medida en que han sabido convertir en expresión personal la actualización de unos patrones estéticos convencionales. Pero Puig se mueve en otra dirección: son sus personajes, no él, quienes asumen la convención. El autor, como tal, parece no existir siquiera. En las novelas de Puig o bien no hay narrador en absoluto — tal es el caso de *La traición de Rita Hayworth* y *El beso de la mujer araña,* que progresan únicamente mediante la transcripción de diálogos y documentos escritos — o bien, cuando lo hay es un narrador objetivo, despersonalizado, que redacta informes y levanta actas (así, en *Boquitas pintadas* y *The Buenos Aires affair*).

La disgregación o vaporización del narrador se halla en el centro de la novela hispánica actual. Lo que tienen en común títulos como *Tres tristes tigres,* de Guillermo Cabrera Infante; *Reivindicación del conde don Julián* y *Juan sin Tierra,* de Juan Goytisolo; *Cambio de piel* y *Terra Nostra,* de Carlos Fuentes; *Recuento,* de Luis Goytisolo, o *Una meditación,* de Juan Benet — pese a las diferencias de diverso orden que existen entre estas obras — es el hecho de que en todas ellas el narrador — eje firme e invariable del relato decimonónico — pierde espesor y consistencia, cede a la inseguridad y a las zonas de sombra, se desdobla en diversas voces hablantes que son máscaras vacías de una dentidad ilusoria. Puig confluye con estas experiencias desde una actitud situada a primera vista en el extremo opuesto: por elisión u omisión del narrador, que se oculta y borra en la claridad cristalina de una campana neumática. A propósito de un film de Fritz Lang. *Más allá de la duda (Beyond a reasonable doubt,* 1956), André Bazin escribió — con suma justeza, aunque en un contexto, desfavorable a la cinta, que no comparto — que el realizador operaba en torno al tema «el vacío barométrico de la puesta en escena». No podría hallarse mejor definición de los métodos narrativos de Puig — cuya estética, por lo demás, no es la extremadamente abstracta de la madurez de Fritz Lang —: lo que nos desasosiega en estas obras es su total despojamiento, la ausencia de cualquier envoltura estilística o técnica más allá de la simple facticidad de cuanto acontece, la desnuda indefensión con que nos son mostrados los seres. Nada hay, apunté al principio, que tienda a situar al autor por encima de sus personales; nada hay tampoco, en sentido alguno, que se encamine a situar a éstos explícitamente respecto a cualquier punto de vista o a cualquier contexto moral distinto del suyo propio. Sólo a una instancia se apela: la operación de la lectura. Se ofrecen al lector unos datos aparentemente (y realmente, en cierta medida) en bruto; de nuestra capacidad de distanciarnos respecto a ellos y valorarlos dependerá exclusivamente el sentido moral que otorguemos a la obra, y es de notar que esta capacidad no puede dejar de producirse en un lector cultivado, pero podría faltar en un hipotético lector que participara de la misma alienación de los personajes, aunque tal lector, por otra parte, difícilmente aceptaría la estructura insólita de la novela de Puig.

Por este camino creo que es posible llegar a individualizar los rasgos quizá más peculiares del escritor. Ante todo, el más llamativo en mi opinión, y que no siempre ha sido subrayado por la crítica. Las novelas de Puig operan con unos elementos que, sin la menor duda para el público argentino y también en su mayoría para la totalidad del público hispánico, pertenecen a un pasado común y pueden fácilmente suscitar una nostalgia tocada a ratos de ironía. Así ocurre en ocasiones con otros narradores hispánicos contemporáneos para quienes ha sido decisiva la influencia del cine y de la cultura de masas, como Cabrera Infante o Terenci Moix, cuyas preocupaciones estéticas específicas son, por otro lado, bien distintas. En Puig aparecen idénticos factores referenciales: la asimilación del cine de Hollywood de los años treinta y cuarenta, la canción popular — en este caso el tango —, las formas subliterarias, cuyo patrón llega incluso a adoptarse *(Boquitas pintadas* se subtitula «folletín» y *The Buenos Aires affair,* «novela policial»). Sin embargo, no ya la complacencia irónica del *camp,* como apunté, sino incluso cualquier connotación mínimamente grata se hallan ausentes de estas obras, las cuales no producen en lo esencial otra sensación que la de lo patético y lo repelente. El horror y la piedad, como querían los antiguos para la tragedia. Que unos libros que manejan elementos con los que en principio una enorme cantidad de lectores puede identificar vivencias propias posean la capacidad de generar un rechazo total de tales vivencias significa que en ellos se ha llevado a un punto extremo la actitud crítica. Al único punto extremo, precisamente, en que esto era posible sin incurrir en una actitud de prejuicio moralizante o culturalista: la no intervención del autor deja al descubierto la fundamental sordidez de lo que se nos muestra.

Esta sordidez se halla vinculada a un hecho que, desde una perspectiva humanista, constituye la principal objeción que es posible formular respecto a la actitud *camp:* el desfase entre los mitos de la cultura popular y la existencia personal de quienes fueron — y son — a la vez sus más fervorosos propagadores y sus destinatarios. He hablado antes de que el cine de consumo responde, de distintas maneras, a una fundamental impostura. La cursilería, el *kitsch,* todas las formas de engaño o estafa cultural en todos los niveles — desde la subliteratura hasta la demagogia cultural de los fascismos — son condenables en la medida en que el poder los utilice para enmascarar, ante los más interesados, las reales condiciones de vida y la exclusión de posibilidades de cambio en ellas, así como la estrecha relación que existe entre tales factores y el estado actual de la sociedad. Estos hechos son sobradamente sabidos y pertenecen además al campo de la sociología de la literatura o del arte; pero era indispensable recordarlos aquí brevemente, porque constituyen la explicación de nuestra reacción moral ante el mundo que nos presentan las novelas de Puig.

De los monólogos infantiles de *La traición de Rita Hayworth* a las fantasías y sueños de Gladys en *The Buenos Aires affair* no hay apenas distancia. Como gran parte de la humanidad contemporánea, los personales de Puig no han llegado muchas veces a ser verdaderamente adultos, y ello porque el entorno social, económico y cultural lo ha impedido. Incluso Molina, en *El beso de la mujer araña,* reconocerá el falseamiento de la realidad que contiene el film de propaganda nazi que relata a Arregui, pero, consciente de ello en un plano, permanecerá, en el terreno sentimental, aferrado a la aceptación, al autoengaño respecto a lo que le proponía la cinta. Los personajes de Puig no son, decimos, verdaderamente adultos

— con muy pocas excepciones — y ello, que puede no ser perceptible en el trato social, se halla en la base de las secretas neurosis que los caracterizan en las zonas de su personalidad en las que se centra la atención del escritor: los sentimientos, las relaciones afectivas y la vida sexual.

Porque, pese a que de modo reflejo las novelas de Puig constituyan una crítica excepcionalmente dura y lúcida de la sociedad argentina, y pese a los factores incluso de orden político que acabo de apuntar, estas obras, que podrían constituir un documento histórico y sociológico para los estudiosos del futuro, se centran de modo fundamental, no ya en la vida personal y privada, sino incluso en sus regiones más soterradas y oscuras. Lo que en ellas se narra ante todo es lo que nunca sale a la luz en la existencia usual: la región del inconsciente, de los sueños y deseos, y los aspectos de la propia personalidad — o los episodios de la vida relacionados con ellos — que por efecto de la presión social los individuos tienden a mantener ocultos. Lo más turbador del empleo de la cultura *pop* llevado a cabo sistemáticamente por el escritor en sus cuatro novelas es la forma en que evidencia la correlación subterránea que existe entre los mitos de esta cutlura y la zona más sometida a censura de la personalidad humana en un contexto social determinado.

Las propuestas de una sociedad nueva formuladas desde los días de la Revolución Francesa hasta el presente no han solido tener en cuenta esta zona del psiquismo humano. Para Fourier era central: le daba el nombre de «pasión» — que, en el terreno estrictamente erótico, incluía la aceptación de lo que él llamaba las «manías» — y, no sólo la admitía, sino que hacía de ella el eje de la futura organización de la sociedad. Asumir lo sofrenado o proscrito puede ser un camino para la superación de las neurosis e incluso — desde el surrealismo — el necesario vehículo de una subversión social. En este sentido, el tema de las novelas de Puig podría considerarse inverso al de las últimas obras de Juan Goytisolo. Los protagonistas — en la medida en que pueda decirse que tengan protagonista individualizado e identificable — de *Reivindicación del conde don Julián* y *Juan sin Tierra* han eliminado cualquier tabuación o censura. Los de las novelas de Puig se hallan atenazados por ellas, y sólo de modo ilusorio y pasajero pueden creer que se han liberado: en el mundo de sus fantasías — el cine, los seriales radiofónicos, las revistas populares, y las imaginaciones basadas en tales datos — o en universos aparte, en los que, mientras se hallan en su ámbito, les es posible creer que ha desaparecido el concepto de normativa social y en consecuencia el de transgresión. El ejemplo más característico de lo último es el círculo de homosexuales en el que se desenvuelve Molina al salir de la cárcel en *El beso de la mujer araña*, pero no es el único; como ha apuntado ya Emir Rodríguez Monegat, la escena culminante de *The Buenos Aires affair* no viene a ser sino una especie de representación montada para que, convergentes, hallen satisfacción los impulsos del sádico Leo y los de la masoquista Gladys.

La tragedia fundamental de los personajes de Puig va más allá de una alienación referible a la esfera de los intereses económicos del capitalismo: concierne a una mutilación y frustración esenciales de la personalidad, causa de unas neurosis que sólo dejarían de producirse en una sociedad nueva y que, presos en el angosto reducto de la vida argentina, estos personajes no tienen la lucidez ni el valor de asumir. Las escasas apariciones explícitas de lo político en las novelas de Puig resultan a este respecto harto significativas. En *The Buenos Aires affair*, la pasajera militancia antiperonista y marxista de Leo es situada por éste en una región distinta de la que verdaderamente es central en su vida: sus problemas afectivos y sexuales, como si éstos no debieran plantearse frontalmente en función de cualquier posible transformación de la sociedad que, para ser una verdadera transformación — es decir, también una revolución moral — habría de tener en cuenta tales factores. De modo parecido procede Arregui en *El beso de la mujer araña:* pero, por un lado, la dificultad de aceptar la libertad de su compañera para elegir pareja mientras él se halla encarcelado, pese a lo convenido anteriormente por ambos en este sentido, y, por otro, la revelación de su potencial bisexualidad a lo largo de la relación con Molina, muestran hasta qué punto el personaje, aunque más lúcido que cualquier otro del autor, no ha llegado todavía a plantear y resolver conjuntamente la conexión entre las mutaciones que desea llevar a cabo en la sociedad y la posibilidad de incluir en ellas, partiendo de cero y con plena libertad, la problemática de su vida afectiva. Sólo desde esta base la liberación que se propone alcanzar para sí y para los demás podría ser realmente completa. No iré más allá ahora: apuntar lo anterior era necesario, porque sin duda forma parte de los propósitos y del horizonte mental del autor, pero insistir en ello resultaría extemporáneo, ya que la intención de Puig no es escribir literatura militante — ni siquiera en un sentido tan amplio e inusual como el aquí esbozado — sino, sobre todo, escribir estrictamente literatura, sea cual fuere la implicación que se involucre en ella.

Pero veamos ahora en qué sentido y de qué modo particular escribe Puig literatura.

II

Las novelas de Puig sorprenden — lo señalé al iniciar este trabajo — por su independencia respecto a la tradición literaria inmediata; en otro orden de cosas, sorprenden también porque, pese a tal singularidad, conservan rasgos de aquella tradición que muchos novelistas hispánicos actuales tienden a soslayar. Puig es, pues, doblemente peculiar. Por una parte, sus novelas se distinguen por la ausencia de narrador, o, cuando más, por la sustitución del narrador por una voz impersonal que se limita a consignar datos como si preparara un *dossier*. Por otro lado, sólo en *El beso de la mujer araña* se respeta la cronología: las otras tres novelas están formadas por capítulos que aíslan segmentos temporales y espaciales muy diferenciados en un orden que sólo adquirirá pleno sentido a medida que lo reconstruya la lectura. Tales capítulos — salvo, una vez más, en el caso de *El beso de la mujer araña*, formado exclusivamente por dos bloques textuales: diálogos de Molina y Arregui y documentos policiales — presentan una extraordinaria variedad de técnicas, que van desde el monólogo interior al diálogo, la narración objetiva, la inserción de textos periodísticos, el diario íntimo, la composición escolar o el epistolario. No todos estos recursos tienden al relato directo: la mayoría son oblicuos, en sí mismos y también en virtud del uso que de ellos hace Puig. Las elipsis son muy frecuentes y en muchos casos episodios fundamentales de la historia son sólo sugeridos o aludidos indirectamente. La tendencia de Puig se orienta a dejar que los seres y las cosas hablen por sí mismos: la finalidad de cada capítulo es suministrar determinada información, que preferentemente es confiada a sus protagonistas. Cuando esto ocurre — es decir, en la mayoría de los casos — ellos hablan su propio lenguaje. ¿Su propio lenguaje? Hasta cierto punto. El admirable y nada visible esfuerzo estilístico de Puig se encamina fundamentalmente en dos direcciones: por una parte, la transcripción del habla coloquial; por otra, el mimetismo de estilos existentes, claramente codificados. En el diálogo, o en la expresión escrita muy espontánea (las cartas de Nené en el primer capítulo de *Boquitas pintadas*) bastará con ser fiel a la expresión hablada; cuando los personajes aspiren a expresarse desde un nivel que consideren superior al de su conversación diaria, será necesario el mimetismo de otros estilos, literarios o subliterarios, porque la influencia de los medios de comunicación incidirá en el modo que los personajes tienen de expresar sus ideas.

En dos niveles paralelos, pues, discurre la búsqueda de Puig. El primer nivel, el coloquial, es quizás el más frecuentado en la literatura hispánica reciente. En este terreno, y tras una más que centenaria carencia de verdadero lenguaje coloquial en la literatura escrita en castellano — que caía, con muy pocas excepciones (los diálogos de Galdós o Baroja) en el paródico y postizo clisé costumbrista o en la pura convencionalidad literaria — el autor de *La traición de Rita Hayworth* ha llevado a cabo una de las experiencias más afortunadas de restitución del lenguaje hablado en el área hispánica, comparable en su acierto al conseguido, respecto a España, en los diálogos de *El Jarama,* de Rafael Sánchez Ferlosio, o los de algunos capítulos de *Recuento,* de Luis Goytisolo, como el que transcurre en un campamento militar. Un oído infalible y un sentido muy acusado de la expresión viva hacen de Puig, con Cabrera Infante, el narador latinoamericano actual que ha empleado con mayor éxito y profundización el estilo coloquial o, por mejor decirlo, oral, la transcripción del habla cotidiana de un sector social determinado.

El mimetismo de estilos literarios — o, más exactamente, subliterarios — se confunde, en algunas de sus manifestaciones, con el del relato oral. En efecto, cuando, en *La traición de Rita Hayworth,* Ester escribe su diario o el alumno José L. Casals relata a su modo, en una redacción escolar, el filme *El gran vals (The great waltz,* 1938, de Julien Duvivier), Puig está simplemente examinando los contagios, la permeabilidad, el punto de confluencia entre el habla de tales personajes y su posibilidad de expresarse por sí mismos. Su lenguaje escrito no les pertenece: es un lenguaje colonizado, contaminado, impuesto por los medios de comunicación. Pero, en otras ocasiones — la nota necrológica sobre Juan Carlos que abre *Boquitas pintadas* — lo que de hecho Puig lleva a cabo es una forma de *pastiche,* que no se ejerce respecto a modelos de literatura seria, sino respecto a modelos subliterarios o aliterarios, o respecto a modelos literarios degradados. Lo más interesante no es tanto la pericia con que ello es ejecutado cuanto su función en la estructura de las novelas de Puig. Dos aspectos de la cuestión merecen un examen individualizado.

Por una parte, es de notar que en Puig el mimetismo de modelos subliterarios se aplica a unidades estilísticas extensas. En un nivel — y ello ha sido notado ya — tiene por objeto mostrar, incluso en lo lingüístico, la alienación de los personajes: es una función semejante a la que, por ejemplo, reviste la secuencia del filme de Godard *Une femme mariée* (1964), en el que el marido (Philippe Leroy) y la mujer (Macha Méril) describen a un visitante la casa en donde viven utilizando las mismas expresiones que podrían hallarse — y sin duda se hallaban — en el folleto de lanzamiento publicitario del inmueble. (Pero en el caso de Godard existe un distanciamiento respecto a los personajes que, como he indicado, no se produce en Puig.) Más decisivo resulta ver, no ya el fundamento de tales mimetismos, sino la materia a que se refieren. Ocupan con frecuencia capítulos enteros de una novela — como en los casos, ya citados, del diario de Ester o la redacción sobre *El gran vals,* o la entrevista imaginaria de una periodista de *Harper's Bazaar* con Gladys en *The Buenos Aires affair* — y, en *El beso de la mujer araña,* llegarán a cubrir, con los relatos de películas hechos por Molina (en estilo oral, pero difícilmente verosímiles, dada su extensión, en una conversación corriente) la mayor parte del texto de la novela. La mayoría de tales unidades estilísticas miméticas no parece a primera vista que hagan progresar la acción y, por otro lado, su longitud es muy superior a la que cabría atribuir, no ya a una digresión, sino incluso a una indicación de datos complementarios respecto a los personajes. Visiblemente, suplen a los tramos del relato que han sido objeto de elipsis. La apariencia era engañosa: en cierto sentido, precisamente a través de tales segmentos miméticos se produce la progresión del discurso narrativo. Su función es análoga a la que en poesía ha venido confiriéndose al llamado correlato objetivo.

A partir de esta base, es posible que tales segmentos suplanten a otros tantos segmentos de narración usual. Puesto que la «verdadera vida» de los personajes — su vida tal como ellos creen vivirla — no transcurre en el plano deprimente y mezquino de los hechos externos, sino en el plano transfigurador de los mitos que les propone la subcultura, a través de éstos podrá narrársenos, no ya la existencia externa de estos seres, sino lo que más preocupa a Puig: el mundo oculto y poderoso de sus sueños y represiones. No su vida, sino lo que ellos consideran su «proyecto vital». El caso más extremo de este procedimiento — caso límite en la narrativa contemporánea — es *El beso de la mujer araña,* la mayor parte de cuyo texto, como acabamos de apuntar, está formado por el relato de películas — en un estilo no excesivamente alejado del que aparece en la redacción escolar sobre *El gran vals* de *La traición de Rita Hayworth* — sin apenas acotaciones respecto a la personalidad de quien las relata, personalidad que, sin embargo, es en buena medida definida y puesta en pie por tales narraciones.

Hay más. El mimetismo se extiende, no sólo a determinadas unidades estilísticas en el interior de las novelas, sino a la concepción global de las novelas mismas. Hemos visto que *Boquitas pintadas* se subtitulaba «folletín» y *The Buenos Aires affair* «novela policial». Tales epígrafes no deben entenderse literalmente: aunque *Boquitas pintadas* se divida en «entregas», no respeta las leyes del folletín — o sus versiones actuales, los seriales radiofónicos o televisivos o las fotonovelas — y, como relato policial, *The Buenos Aires affair* no satisfará a los amantes del género. Pero es un hecho que en estas novelas, y en las otras dos escritas hasta ahora por Puig, se produce la persistencia de determinados rasgos que, en los años presentes, tienden cada vez más a desaparecer de la literatura culta para limitarse al área de la producción de consumo. Es en este terreno donde la asimilación de los módulos de la literatura popular singulariza más a la obra de Puig y donde está, como apunté al principio, se distingue del grueso de la narrativa hispánica reciente.

La sustitución, para adoptar la terminología de Benveniste, de la «historia» por el «discurso» parece ser la tendencia dominante en el sector más vivo de la actual novela en lengua castellana. Como es sabido, para Benveniste la «historia» es, en narrativa, «la presentación de hechos sobrevenidos en un determinado momento, sin ninguna intervención del hablante en la narración», mientras que «discurso» es «toda enunciación que supone un hablante y un oyente, de suerte que en el primero exista siempre la intención de influir al otro de alguna manera». Sustituir «historia» por «discurso» equivale, pues, entre otras cosas, a liquidar, no sólo la convención del narrador omnisciente de la novela decimonónica, sino, pura y simplemente, en último término, la novela argumental. Es evidente que las obras más recientes de Juan Goytisolo, Juan Benet o Carlos Fuentes se encaminan, de distinta forma, en esta dirección, y que de parecido designio participan en alguna medida otros destacados escritores hispánicos actuales. En este contexto, las novelas de Puig — que manifiestamente son «historia» — constituyen una excepción. Como, de otro modo, las de Mario Vargas Llosa. Examinar el caso de este último autor rebasaría mi propósito actual; el de Puig, en cambio, sí debe ser dilucidado ahora.

Todavía en *La traición de Rita Hayworth* podría considerarse que la trama argumental ocupa una posición relativamente secundaria. Pero ya en *Boquitas pintadas* — y esta tendencia no ha hecho sino confirmarse en *The Buenos Aires affair* y *El beso de la mujer araña* — aparecen los recursos de que se ha valido la novela de la era moderna para despertar y mantener el interés del lector: sorpresas, hechos violentos, inversiones de situación, expectativa ante el desenlace. Ello depende, en parte, de la formación cinematográfica de Puig: nuestro escritor pertenece a una generación que, habilitada en los años de la infancia al cine americano, lo redescubriría en la adolescencia y en la primera juventud desde una perspectiva distinta, polarizada principalmente por el enorme influjo que en los años cincuenta y hasta principios de los sesenta tuvieron las posiciones teóricas del grupo de *Cahiers du cinéma* de aquella época. El carácter fundamentalmente narrativo del cine americano clásico fue incorporado luego a las obras — cinematográficas o literarias, pues es de notar que, como ninguna de las que la precedieron, esta generación ha oscilado, en los más diversos países, entre ambas vocaciones — de quienes habían asumido tal influencia.

Sin embargo, a mi entender el factor más relevante que explica la persistencia e importancia de la trama argumental en las novelas de Puig es otro. He hablado antes de que las unidades estilísticas miméticas empleadas por Puig constituían el correlato objetivo de las vivencias de sus personajes, y he señalado que dicho correlato objetivo se extendía a la concepción misma de las novelas. Planteadas así las cosas, estas novelas no podían ser sino argumentales, puesto que lo requería la propia naturaleza de los referentes que emplean para dar cuenta del mundo mítico de sus personajes, en estrecha interdependencia con los impulsos reprimidos de éstos y su «proyecto vital». No se trata sólo de que en determinados casos el *pastiche* deba ser necesariamente argumental (lo es el del folletín, lo es el de la novela policial, lo son algunos no tan fuertemente marcados, pero a mi modo de ver muy perceptibles, como, por ejemplo, el de ciertos libros de divulgación psicoanalítica o psiquiátrica con historiales sexuales — que pueden ir desde el resumen de una encuesta científica seria hasta el simple sucedáneo inconfesado de la pornografía — que creo ver en el capítulo sexto de *The Buenos Aires affair*). Pero ocurre, además, que, de modo global, la empresa literaria planteada por Puig, enteramente heterodoxa respecto a la narrativa clásica — porque se opone a la convención de la credibilidad estética de la escritura, al basarse en gran medida en el mimetismo de unos estilos literarios a los cuales el autor no se adhiere estéticamente — es también, como indiqué al principio, atípica respecto al entorno literario, y respecto incluso a escritores hispánicos de la generación del nuestro con quienes existen visibles afinidades en terrenos distintos del de la creación estricta. Puig es uno de los autores más tardíos de su generación y, en el momento en que escribe *La traición de Rita Hayworth*, su estética se halla totalmente cristalizada; no percibiremos en él la mutación brusca, el salto en el vacío que permite dividir en dos o más grandes etapas la obra de algunos de sus contemporáneos. Solamente nos mostrará un alejamiento cada vez más decidido de cualesquiera vínculos con la tradición literaria usual y un empleo cada vez más profundizado de los patrones subliterarios y extraliterarios con función de correlato objetivo.

III

En el estado actual de la novela escrita en castellano, los libros de Manuel Puig suponen una propuesta distinta de la formulada a lo largo de los últimos años por quienes han emprendido un replanteamiento radical de la narrativa que debe situarse entre las experiencias más notables de la literatura mundial del presente. Puig se inscribe en este contexto con unas obras que hubieran sido impensables en una época distinta de la nuestra. *Le cinéma est una invention sans avenir*, afirmó, memorablemente, Lumière. El porvenir del cine no se halla sólo en sí mismo, sino también fuera de lo específicamente cinematográfico. En la época simbolista, la música y las artes plásticas incidían decisivamente en la literatura; en nuestro tiempo, ésta se ve bombardeada a la vez desde dentro y desde fuera del ámbito que hasta ahora le había sido propio. Estalla la escritura; se vuelve contra sí misma, indaga en su envés, se atomiza, se somete a crítica. La escritura-palimpsesto de múltiples niveles, propia de Cabrera Infante, Lezama Lima, Fuentes o el último Juan Goytisolo, entre otros, responde a la misma necesidad que la escritura «aliteraria» de Puig. Se ha desvanecido la ficción del escritor-hablante único, del texto unívoco. En unos, el texto se bifurca, prolifera, se multiplica, se ramifica: para decirlo con la terminología al uso, «el texto produce texto». En Puig, la noción misma de texto literario es eludida. No hay, en apariencia, una escritura de Puig, ni siquiera — sometidos como están a una completa alienación lingüística — una escritura de sus personajes. Existe únicamente el discurso vacío y fantasmal de los automatismos verbales de un sector social al que ha sido negada incluso la posibilidad de un lenguaje que sea verdaderamente suyo. Se desvanece también la narratividad habitual: documentos, informes, voces: el narrador no sólo no interviene, sino que ni siquiera parece proponernos interpretación alguna de este material. Sin embargo, en pocas obras como la de Puig existe una precisión tan milimétrica en el control de cada detalle y de sus implicaciones. De ahí la polivalencia, la posibilidad de diversos niveles de lectura, no ya en el terreno más obvio — la lectura «ingenua» o argumental, atenta a la peripecia, que, a diferencia de otras coetáneas, esta obra consiente, y la lectura «literaria» — sino, dentro de lo estrictamente literario, en las diversas direcciones que he tratado de esbozar en lo que antecede.

La historia que en realidad nos narran las novelas de Puig — no sus argumentos, sino su tema, constante en todas ellas — es la de la desposesión de verdadera libertad personal a la que ha sido sometida una inmensa parte de la humanidad contemporánea. La de Puig es la más radical crítica posible, porque empieza por ser una crítica del lenguaje. Otros destruyen el lenguaje: Puig, aislándolos de su contexto — la precariedad de la vida cotidiana — revela el carácter fundamentalmente aberrante de los códigos expresivos impuestos por los *massmedia*. Esta pesadilla monótona, reiterada y circular ha sido — es aún — para muchos seres humanos la ilusión de poseer un lenguaje y un mundo propios. Privados de la posibilidad de desenvolver su existencia libremente, se les han arrebatado incluso, corrompiéndolos y desfigurándolos según los patrones establecidos por quienes controlan el arte de consumo, sus sueños. El carácter propiamente demoníaco del *kitsch* — que ya señalaba Hermann Broch — aparece aquí en toda su brutalidad. En las novelas de Puig no hay héroes, si exceptuamos al Arregui de *El beso de la mujer araña:* todos los demás personajes están vencidos desde el comienzo, porque todos han claudicado ante la presión de los más sutiles — pero quizá también los más poderosos — instrumentos de anulación de la libertad. Esta historia es inseparable del entorno argentino, pero su significación rebasa en mucho este ámbito concreto.

Más allá de la implicación sociológica y política — que no puede dejar de ser mencionada —, la propuesta de Puig es moral. La influencia del arte de consumo ha sido posible en gran parte porque sus promotores han canalizado, sofrenado o enmascarado a través de tales manifestaciones todos los aspectos del psiquismo y el comportamiento humano, generadores de conflictos neuróticos, que podían desviar a los individuos de las pautas de conducta que convenían a determinada estructura de la sociedad. Particularmente, esta acción represiva ha contribuido a cloroformizar el ocio, convertido en un tiempo vacío que debía llenarse con el material suministrado por la propuesta del arte de consumo. De este modo, los problemas fundamentales que, desde la región del inconsciente, atañen a la organización y el equilibrio de la existencia humana y por irradiación a la totalidad de la sociedad — problemas que, colocados en primer plano desde principios de siglo por el psicoanálisis, conciernen a la libido, en los campos sexual y afectivo, y se extienden a cuanto rebasa el marco de la racionalización convenida — fueron desvinculados, segregados de la vida común. Este papel segregador, que durante siglos corrió a cargo del cristianismo oficial, pasó a ser asumido del modo más expeditivo por quienes detentaban los mecanismos de poder cuando se vio que era irreversible la superación del Estado teocrático. La alienación mostrada por Puig se refiere exclusivamente al mundo del capitalismo occidental: otras represiones, no menos brutales — la de los fascismos, la del estado burocrático estalinista o paraestalinista — revisten caracteres distintos. Señalé páginas atrás que los personajes de Puig se hallaban en los antípodas del personaje central — o, por mejor decir, el hablante inidentificable y polimorfo — de las últimas novelas de Juan Goytisolo. Cierto, y no lo es menos la disimilitud de los planteamientos literarios. Pero, en lo profundo, Puig y Goytisolo coinciden: la primera y más radical subversión debe producirse en el terreno moral.

Olvidas, estas existencias oscuras y mortecinas repiten en nuestro tiempo una historia antigua y dolorosa: la privación de acceder a la plena realización de las posibilidades vitales y de la propia personalidad. Al propio tiempo, la obra de Puig se sitúa en la frontera entre los módulos literarios existentes y la fundación de una nueva escritura. Aceleraciones: de una narrativa arcaica y anacrónica, la literatura en lengua castellana ha pasado al descubrimiento de la exploración en esta frontera última. En pocos años, el nombre de Puig se ha situado entre los que más resueltamente se enfrentan a tal necesidad indagatoria.

TÀPIES: EL SILENCIO Y EL TRAZO

Es un falso problema — por más que ello no signifique que debamos dejar de darle alguna respuesta — el de la ausencia, desplazamiento o desvanecimiento de la noción de *representación* en Tàpies. Lo es ya en la medida — tantas veces denunciada — en que llevar a cabo una lectura de cualquiera de las obras de Tàpies desde tal supuesto implica un equívoco que niega la polivalencia de sus propuestas, para atenerse a una literalidad empobrecedora. Identificación falaz entre semejanza y representación: una obra de Tàpies puede parecer un muro desconchado, pero no representa un muro desconchado, no es la formulación en un lenguaje nuevamente codificado a tal efecto de un muro desconchado; incluso, yendo más lejos, una bandeja o un montón de paja, tratados por Tàpies — como en efecto ha ocurrido — para convertirlos en obra, no son ya representación de una bandeja o un montón de paja (¿cómo podrían serlo, puesto que no designan, sino que son desde el comienzo bandeja o paja?). No son la representación, pero tampoco son sin más la bandeja o el montón de paja. En cierto modo, son la antirrepresentación; más que representación, *presentación;* hacer presente, hacer un presente — tiempo — y un presente — don —, una entrega: hacer presente la presencia. «No el pasado/el presente es intocable» ha escrito Octavio Paz. El tiempo del artista y del poeta es el tiempo que *toca* el presente, que toca lo inasible, que conquista la presencia — lo tangible —, que conquista el presente, el no-tiempo, el momento vacío y cegador, único desde el que podemos percibir el tiempo como tal al inmovilizarlo en el propio acto de la percepción.

La naturaleza profunda de las obras de Tàpies es ésta: suscitan presencias, nos precipitan en el presente, provocan o hacen posible una detención, una suspensión momentánea del asentimiento de nuestra conciencia al fluir temporal. Inmovilizan el presente para que lo podamos percibir. ¿Se halla esta obra, pues, por definición

fuera de la Historia? Conquistar el presente ¿es negar la Historia?
Ciertamente no es así —y no es así, además, de modo muy particular en el caso de Tàpies—,y conviene proceder con algún detenimiento al examen de las relaciones entre el proceso que acabo de
esbozar y la percepción del tiempo histórico.

Nuestra época se ha movido entre dos polos: la negación de la
Historia y la idolatría de la Historia. Dos formas de impotencia,
confesada o no, consciente o no. Finalmente, ambas han resultado
equivalentes. En el terreno artístico o en el literario, la negación
de la Historia ha conducido a la autofagia; la idolatría de la Historia, a la regresión (el pompierismo reaccionario, el *kitsch* de la falsa
vanguardia, el realismo de primer grado que se apropió del calificativo de socialista para proceder a la trágica paradoja de un arte
de intención revolucionaria que empezaba por aceptar un concepto
de representación hecho a la medida del público burgués del siglo xix). Aunque algunos de tales casos pertenezcan principalmente
al pasado —otros perduran, abiertamente o en formas más sutiles,
pero no menos estériles— su simple repaso, que no puedo porme-
norizar ahora, basta para mostrarnos cuál es el terreno propio de una
obra de arte contemporánea. No, ciertamente, la idolatría, de la Historia, ni tampoco su negación, sino, estrictamente, su crítica. El lenguaje que se pueda emplear para tal crítica, los rasgos que la de-
finen, nos permitirán ver de qué modo Tàpies, como muy pocos artistas de cualquier época, ha colocado su indagación en un punto
extremo de esta zona.

Atribuir simultáneamente a la obra de Tàpies una función doble,
en dos vertientes aparentemente disímiles (la conciencia del presente
inmovilizado, que permite una percepción del mismo distinta de la
ordinaria; la crítica de la Historia, en virtud del acto de suscitar
materialidades, presencias materiales —obras— que, al distanciar-
se respecto a ellas, inciden en nuestra perspectiva) podría parecer,
a primera vista, una carga de significados harto densa para una producción que si por algo se distingue ante todo es por un inigualado
laconismo, esencial, constante y cada vez más acentuado, inflexi-
ble en su rigor: operación del vacío, fábrica del silencio. Sin embargo, notoriamente, no sólo ambas implicaciones forman parte del
proyecto de Tàpies, sino que —para él mismo y para nosotros— resulta indisociable de ellas. Llegamos aquí al centro mismo de aquello
que sitúa a la obra de Tàpies entre las más decisivas —entre las pocas realmente decisivas— del arte contemporáneo. En el pasado —
hasta el Romanticismo, por lo menos— el artista debía responder, a

veces, sólo ante la tradición, ante los maestros de antaño; otras veces, ante un cuerpo de ideas, ante una visión del mundo, ante una filosofía; otras, ante un gusto, un «decoro» artístico, una preceptiva, identificable a fin de cuentas con el gusto de un público concreto. En la época contemporánea, parecería, si adoptamos tales precedentes como puntos de referencia, que el artista no debe responder ante nadie y que en ello reside precisamente su riesgo y, cuando la hay, su grandeza. Sin embargo, nunca debió, de hecho, responder ante tantas y tan decisivas instancias.

Para empezar, cuerpo a cuerpo, el artista debe responder ante su obra, lo cual supone que responderá, de entrada, ante el material que emplee. Responderá ante el lenguaje, si es poeta; responderá, si su obra es plástica, ante *cualquier* posible material, tradicionalmente usado o no, simple o derivativo. Toda la materialidad del mundo es o puede ser en principio punto de partida o ingrediente de la obra. En la medida en que, desaparecido el «asunto», el «tema» tradicional, el verdadero tema de la obra reside en su materialidad, podemos decir que el tema de un verdadero artista contemporáneo es todo el mundo. La conciencia de este hecho — formulada o no, teorizada o no, racionalizada o no — se percibe en los extremos: el enciclopedismo caótico de Pound, la desnudez de Duchamp, que conduce a la eliminación de la idea misma de obra.

Pero no sólo ante el material debe responderse, sino ante el pasado inmediato, es decir, ante el futuro, cuya frontera empieza donde aquél termina. Sólo puede operar el artista a partir de esta frontera, y esta frontera es movible. No la trazan únicamente los predecesores, los artistas de las generaciones precedentes, sino que la traza el presente: la traza la obra nueva de dichos artistas, y la de los artistas de las generaciones contemporáneas. (En este sentido, creo que para el arte actual se impone una revisión de los esquemas generacionales: todos los que trabajan en un mismo momento, sea cual sea su edad, se plantean idénticos problemas, aunque cada uno los resuelve a su modo.) Más aún: esta frontera la va trazando, para cada artista, su propia obra. El Tàpies de los años cincuenta se internaba en un terreno por el que el Tàpies de los años setenta ha llegado más lejos todavía. No hablo en términos valorativos; a partir de cierto nivel de grandeza — accesible a muy pocos en nuestro tiempo, y Tàpies se cuenta entre estos pocos —, cualquier jerarquización de este orden carece de sentido, y, además, una vez ha accedido a la región que le es propia, lo que el artista se propone es ahondar en ella: no encastillarse en una gélida carrera hacia el manierismo, sino abrir, en súbitos tajos, vías nuevas, veneros subterráneos que afloran, bruscos y convulsos, a la luz.

He hablado hasta ahora del género de responsabilidad en cierto modo previo a todo y más inmanente, precisamente el que el arte clásico, por así decirlo, no exigía: por primera vez, en la era contemporánea, el material no es algo dado, sino algo que se plantea inicialmente como un problema, como el primer problema, sin cuya resolución la obra es impensable. Sólo en el arte primitivo ocurría, y ocurre, otro tanto. Por primera vez, también, no es el pasado ni la posterioridad, sino una contemporaneidad que cambia constantemente de rostro quien señala al artista su campo de actividades. Y esta contemporaneidad tiene, además, el rostro de la propia obra: cada artista es juez y testigo de sí mismo.

La radicalidad con que todo lo anterior es asumido por Tàpies — no sólo en el nivel de la obra efectivamente realizada, sino en el de su fundamento teórico: la admirable lucidez de los textos que le debemos no deja lugar a dudas — es lo que confiere su turbadora capacidad de presencia a una producción que de tal modo se inicia desde el punto cero del material que emplea, más aún, de los elementos del mundo visible susceptibles de convertirse en matrial o en metáfora de material. La propia operación de suscitar la obra es ya una operación crítica: crítica de la idea de arte, crítica de la idea de obra, crítica de la misma obra llevada a cabo. Pero todavía esta operación, hecha ya obra, deberá responder ante nosotros, es decir, no ante determinado público concreto, sino, potencialmente, ante cada hombre en particular. Ante todos los hombres y ante el mismo artista: la obra, autónoma ya en cuanto entidad material finalmente existente, deberá concernirnos. Para que ello sea posible, precisamente, se requería aquel hostigador y tenso planteamiento inicial. Mas ¿de qué modo responde la obra ante quien la percibe? ¿Qué define su incidencia sobre el espectador?

Porque es crítica del material, porque es crítica de sí misma, la obra es crítica del mundo. Porque es crítica de la percepción usual, es una nueva forma peculiar de percepción. Porque es crítica de la representación, porque puede llegar a sustituir la representación por la *presentación* — porque puede ser la reinvención del acto de ver —, la obra de Tàpies es crítica del tiempo histórico a la vez que crítica del tiempo subjetivo. Pone entre paréntesis un espacio de la realidad, un espacio que le es propio; lo retira, lo repliega, lo sustrae para mostrarlo a la luz, lo despoja. También lo inventa y lo crea: suscita su existir, su verdadero existir, su ser obra. En este silencio del ser, desnudo en su pura presencia táctil y óptica, aislado como en el centro de un círculo de fuego, nuestra conciencia ve el presente, el espacio de la temporalidad detenida. Nos sabemos ser. Nos vemos ser. Vemos lo invisible: el presente. Nos vemos en el presente. Un arco azul, la cabecera de una cama, una puerta, un muro, o — equiparable a ellos — la inombrable materialidad — escueta o imponente, magmática o como petrificada y sólida, compacta — o, todavía más, la aparente no-obra, el bastidor, por ejemplo: el espacio del presente, el espacio de la presencia. No veíamos: se nos invita a ver. Lo que vemos no es ya el material, sino su idea. El espacio físico, tangible, de la obra, es el espacio de nuestra conciencia. Su tiempo es el de nuestra percepción. Ver sabiendo que vemos es ver una idea, es rehacer el camino — que la experiencia habitual borra — entre lo visible y lo mental, entre nuestra individualidad y lo exterior, entre lo exterior y lo interior. En el espacio de la obra no hay fronteras entre estas zonas: la grandeza que, en el arte contemporáneo, es propia de Tàpies, con un rigor donde la tensión extrema, la mayor crispación interior, desemboca en la más contundente serenidad — la de aquello que, irreductiblemente, conquista su existir — es la grandeza que reside en el acto de promover una obra que suscite este espacio desde el mismo material.

En este espacio, el espacio del silencio, se inscribirá en Tàpies el trazo. Hablo del trazo propiamente dicho, del signo, de la inscripción (desde la cruz hasta los números, las cuatro barras del escudo catalán, los nombres propios, o, incluso, el texto en algunos casos) y hablo también de lo que, de algún modo, denota el mundo exterior: una escalera, o, mejor dicho, la huella — casi diría la sombra o la proyección — de una escalera; un pañuelo, unos jirones de ropa. Desde la muerte de Lluís Companys hasta la constitución de la Assemblea de Catalunya, el tiempo de la Historia se ha insertado en esta zona de la obra. No es algo como sobreañadido y en definitiva prescindible, un «compromiso» en el sentido de componenda, de cosa que se junta a la obra como para conferirle un aval ante las aduanas de la vinculación cívica, como ha sido por lo común desgraciadamente el caso del llamado arte comprometido en Europa, a partir del momento en que se produjo, a fines de los años treinta, la más grave escisión del grupo surrealista, fuente, en mi opinión, de la cadena de equívocos que atenazarían a la vanguardia en la década siguiente. No es tampoco, en una obra que excluye el tema exterior a ella misma, su materialidad — tomando así el partido de la vanguardia en el rechazo del «tema exterior» que sentaba ya

Breton —, una irrupción intempestiva de la anécdota. Es otra cosa, una propuesta más radical, y por lo tanto más genuina: se trata de producir una asimilación completa entre tales elementos y los proporcionados por la materialidad dada, previa a la obra. La realidad que el artista aborda — y de cualquier zona de la cual puede emerger la obra — comprende también estos elementos. La inscripción o el material que alude al tiempo histórico, no son remisión a un tema exterior: son el área de la materialidad en la que en cada caso se investiga. No se trata, por ejemplo, de escribir, sobre el soporte de una obra, las palabras «Catalunya-Llibertat»; se trata de que estas palabras — en tanto que inscripción sobre una tela — sean la obra misma, el área de la realidad aislada, puesta en evidencia, *presentada*, el espacio abierto a nuestra percepción.

De este modo, no menos que metafísica — no hay que temer a la palabra, sino a su uso impropio, y aquí no lo es —, la dimensión de la obra de Tàpies es histórica. No niega la Historia; tampoco le tributa el homenaje de quien abdica de su capacidad crítica. Engloba la crítica de la Historia en la crítica de la materialidad y de la obra, en la crítica de nuestro asentimiento al mundo visible. Distanciándonos, podremos llegar a la conciliación. «Sí», dice uno de sus cuadros más despojados y singularmente bellos: al ver verdaderamente lo real, asentimos a lo real, no a la ficción de lo real. No asentir a ciegas; abrir los ojos, ver el nuevo espacio, y entonces asentir — porque, mientras veamos la obra, estamos viendo realmente. Esta visión no es pasiva; es, como la obra misma, un proceso crítico que nunca cesa. El proceso de nombrar el mundo, de ver las cosas tras los nombres, la red de percepciones originarias que sustentan al lenguaje y que el lenguaje enmascara usualmente. Al separar lo visto de la visión, al disociar lo convenido de lo verdadero, al situarnos bruscamente en la aprehensión del presente, la indagación de Tàpies abre a la conciencia a sí misma y al tiempo histórico. Dos abismos; dos imágenes; dos rostros que son acaso uno solo: nosotros mismos.

ITINERARIO DE VICENTE ALEIXANDRE

I

L A lectura de los poemas de *Ámbito* (1928), primer libro publicado por Vicente Aleixandre, no deja de reservarnos más de una sorpresa. Considerado generalmente por la crítica como una obra interesante pero aún relativamente poco personal, tributo del autor a la poesía de la época — con una valoración, pues, análoga a la que *Perfil del Aire* reviste para Cernuda, *Libro de poemas* para Lorca o *El romancero de la novia* para Gerardo Diego —, *Ámbito* enciera, de hecho, no sólo un anticipo de algunas regiones de *Sombra del Paraíso*, como ha observado el propio Aleixandre,[1] sino también de otros aspectos, a veces muy posteriores, de la dicción poética aleixandrina. Dicho esto, resulta innegable que propiamente precede a dicha poesía, que no forma aún parte enteramente de ella; pero, leída con la perspectiva de la obra total, la prepara y esboza, a veces de modo subterráneo.

Lo que primero destaca en *Ámbito* es su materialidad. (Para simplificar, puesto que este trabajo no tiene finalidades académicas, daré las citas sin mencionar siempre la referencia del poema o página del libro a que pertenece.) Ya en el poema inicial aparece «el bulto» — uno de los vocablos más frecuentes en cualquier época de la poesía de Aleixandre, expresión del estar, del consistir material del cuerpo — y de lo que se trata es, precisamente, de que este bulto, «insigne» — insigne porque, en la jerarquía aleixandrina, lo material es lo cósmico —, se defina y perfile, irreductible, flagelando la sombra helada de la noche. En el poema siguiente, «Idea», ampliación de una metáfora de posible filiación gongorina, se nos narra el proceso que va de la formación de un pensamiento a su emisión verbal, de la mente a la palabra. Con ello, no sólo se anuncia la preocupación por el pensamiento que, como ha notado José Oli-

1 «Nota preliminar» al libro en *Mis mejores poemas* (Madrid: Gredos, 1968³), p. 15. Recogida en *Obras completas* (Madrid: Aguilar, 1968), p. 1.465.

vio Jiménez,[2] y como veremos en su momento, caracteriza a los dos libros más recientes del poeta, sino que, al convertir en objeto poético un proceso — el habla — parcialmente fisiológico, se sientan las bases de la poetización de la anatomía humana que será desarrollada en la primera parte de *En un vasto dominio*. Del mismo modo, en otros poemas hacen acto de presencia ya la rima interna y los juegos de palabras, en ocasiones combinados — «contra cruces, contra luces», en «Cinemática»; «disueltos — no: resueltos», en «Mar y aurora» — y el tema del mundo reflejado y copiado por unos ojos — «Sus ojos copian tierra / y viento y agua, que devuelven, / precisos, campo al reflejarse», en «Retraso» —, recursos y motivos que serán característicos de *Poemas de la consumación* y *Diálogos del conocimiento*. El segundo poema titulado «Retrato» y colocado bajo el epígrafe «José Luis, patina» anticipa, por un lado, el tema de la fascinación por lo juvenil que aparece en *Sombra del Paraíso* y de distinta manera en *Poemas de la consumación* y, por otro lado, el tema de la vida frívola que emergerá en «El vals» de *Espadas como labios,* en la sección «Ciudad viva, ciudad muerta» de *En un vasto dominio* y en las intervenciones del dandy en el «Diálogo de los enajenados» de *Diálogos del conocimiento*. La personificación de la naturaleza — «La noche tiene sentidos», en «Agosto» — coexiste, como será habitual luego en Aleixandre, con la consideración del cuerpo como cosmos, como elemento natural — «Luceros, noche, centellas / se ven partirte del cuerpo», también en «Agosto», o toda la concepción de «Cabeza, en el recuerdo», que intercomunica en su protagonista los mundos vegetal, mineral y humano, o «La noche en mí. Yo, la noche» en «Poseidón». Finalmente, «Pájaro de la noche», «Mar y aurora» y «Mar y noche» preanuncian la visión de las fuerzas elementales que presidirá sobre todo *La destrucción o el amor* y *Sombra del Paraíso*.

En la breve relación anterior me propuse destacar someramente algunos rasgos, que no he solido ver subrayados por la crítica, en virtud de los cuales es posible relacionar a *Ámbito* con zonas muy diversas de la obra de su autor. Legítimo es ahora preguntarse, no por lo que de otros libros encierra o augura éste, sino por aquello que le caracteriza como título individual. Lo apunté, aunque de

---

2 «La poesía última de Vicente Aleixandre: sobre *Poemas de la consumación* y sus actuales *Diálogos del conocimiento*», en *Diez años de poesía española (1960-1970)* (Madrid: Ínsula, 1972), pp. 305-327.

modo todavía algo esquemático, al referirme antes a la materialidad. En efecto, a lo largo de todo el volumen existe — y poco importa que ello estuviera ciertamente en el espíritu de la época: sólo
en este libro de Aleixandre se da con semejante constancia — una
preocupación incesante por lo concreto, lo táctil, la aprehensión ceñida y firmemente delineada de lo palpable e inmediato. Así, en
«Cinemática», «Solo, escueto, / el perfil se defendía»; en «Niñez»
se invoca al «Bosquejo»; en «Luz», ante una aparición femenina,
parecen cobrar su irreductible dureza final las formas — «Llegas tú,
y el marco acaba, / cierra, y queda firme el día» —; en «Noche» la
hora parece guardada por un «precinto» y el poeta siente en su
cuerpo «ceñido / un tacto duro: la noche», y su cuerpo como «contorno» y más adelante nos dirá aún: «Firmes siento los perfiles»; en
«Viaje» asistiremos a los tránsitos del «bulto», y los ejemplos podrían
multiplicarse. Diríase que lo que hay en *Ámbito* de ensayos o pruebas en diversas direcciones alternadas que permitía el haz de posibilidades de la poesía del momento — y muy particularmente el
neogongorismo — viene poderosamente polarizado por la atracción
de un designio único: hacer presa en lo material. De entrada, el
poeta ha encontrado su tema, y la concreción de *Ámbito* no será
nunca desmentida por la producción posterior de Aleixandre, donde
el descubrimiento incesante de lo dado a los sentidos, de los objetos
del mundo físico, formará la base de la cosmovisión poética. Incluso
cuando, en *Poemas de la consumación* y muy particularmente en
Diálogos del conocimiento, sea el concepto — la idea — y no lo físico — la forma — el centro de la tensión interior del poema, y se
introduzca la duda explícita acerca de la identidad del mundo visible, ello se expresará, precisamente, a través del juego de atracciones
y rechazos, convergencias y divergencias, entre grupos de imágenes
tomadas del universo material.

                                   II

Pocas veces, en la poesía contemporánea, el tránsito de una etapa a otra se ha desencadenado con la abrupta violencia que separa al Aleixandre de *Ámbito* del Aleixandre de *Pasión de la tierra.*
Ni siguiera en el interior de la propia generación del poeta puede
decirse que aparezca un caso equivalente. La transición de un Cernuda desde *Perfil del Aire* a *Un río, un amor* no es brusca, y conoce
la etapa intermedia de *Égloga, elegía, oda;* elementos del Lorca de

Poeta en Nueva York eran perceptibles ya en *Romancero gitano;* el Alberti de *Marinero en tierra* no da paso súbitamente al de *Sermones y moradas,* sino que surge de una evolución que se refleja por buen número de libros sucesivos. Únicamente en Aleixandre la irrupción de lo irracional se produce sin solución de continuidad, y de modo tan radical que instaura en el centro mismo de esta poesía el pujar de lo oscuro y anterior con un poderío inquietante que acaso sólo encontraríamos en el Neruda de *Residencia en la tierra.* Ello aparece como sumido en un indiviso fluctuar, en un caos originario y generador, que explica que la sensación de aversión y proximidad simultáneas experimentada respecto al libro por el propio poeta [3] sea en cierta medida compartida por los lectores. Es una sensación de esta índole la que, por razones parecidas, despierta la lectura de *Les chants de Maldoror,* uno de los libros en los que más positivamente nos consta que se reconoció el Aleixandre de entonces,[4] aunque no por ello, pese al empleo de la prosa y a alguna relevante coincidencia de imágenes, deba entenderse que *Pasión de la tierra* sea resultado de la lectura de Lautréamont, o, según lo indicado por el poeta, de las de Freud y Joyce. De hecho, lo que se lleva a cabo en *Pasión de la tierra* es una operación poética insustituible: la rotura de las compuertas, el desvelamiento de las claves ocultas que en nuestra percepción tiene el mundo exterior.

A partir de *Pasión de la tierra* — y he aquí otro aspecto que no siempre he visto que se advierta — resulta claro que lo cantado por Aleixandre no es casi nunca el universo visible como tal, sino en tanto que percibido por nuestra conciencia. El gigantesco catálogo cósmico abierto en este libro y desarrollado en los siguientes — en forma distinta, como veremos, a partir de *Sombra del Paraíso* — es una metáfora de nuestra subjetividad, una proyección múltiple de la mente individual. Ello, que se hará explícito en *Poemas de la consumación* y *Diálogos del conocimiento,* debe ser ya tenido en cuenta, a mi modo de ver, para apreciar debidamente gran parte de la poesía aleixandrina. No es que las fuerzas que pululan voraces por el universo aterrador y cernido de *Espadas como labios* o *La destrucción o el amor* pertenezcan a él propiamente; no, por cuanto ni siquiera

---

3 «Nota preliminar» al libro en *Mis mejores poemas,* p. 31; *Obras completas,* p. 1.466.
4 Véanse al respecto los rasgos observados por José Ángel Valente en «El poder de la serpiente», en *Las palabras de la tribu* (Madrid: Siglo XXI de España, 1971), pp. 170 184.

nada nos prueba que este universo tenga existencia real fuera de nosotros; se hallan, pues, en nosotros mismos. *Ámbito* define el mundo, lo concreta y delimita, lo ordena. *Pasión de la tierra* invierte los términos: descubre el mundo de nuevo, pero esta vez para comprobar que, como el rostro de Krishna en la *Bhagavad Gita*, es huidizo y polimorfo, y, por ello, terrorífico. Terrorífico, sobre todo, en la medida en que este rostro innumerable e irreconocible es el rostro de nuestra conciencia.

Pasión de la tierra es, como *Espadas como labios* y en menor medida *La destrucción o el amor*, un libro desesperanzado, violentamente sarcástico y nihilista. A partir del último de los títulos citados, y como notó ya Luis Cernuda,[5] el elemento irónico tenderá a desaparecer de la poesía de Aleixandre, y si *Mundo a solas* es una obra tan desolada como *Pasión de la tierra*, y acaso más aún, tal vez ello se deba precisamente a la ausencia del humor que en aquel libro, o en *Espadas como labios*, al tiempo que acentuaba la negatividad y el escepticismo, los paliaba en cierta medida. No por inconteniblemente abierta a los impulsos de las libres asociaciones de ideas e imágenes deja la escritura de *Pasión de la tierra* de estar estrechamente vinculada al desarrollo del mundo verbal aleixandrino: así, en esta entrega aparece, creo que por primera vez, la imagen, que luego será recurrente, de la mujer comparada al curso del agua de un río («Todo estaba en el fondo del aire con la misma serenidad con que las muchachas vestidas andan tendidas por el suelo imitando graciosamente al arroyo»; en el futuro, esta imagen se referirá más bien, de modo expreso o tácito, al desnudo), y el comienzo de un poema («Sobre tu pecho unas letras de sangre fresca dicen que el tiempo de los besos no ha llegado») anticipa el de «Vida», de *La destrucción o el amor* («Un pájaro de papel en el pecho / dice que el tiempo de los besos no ha llegado»). Esta primera aparición de lo intertextual — que, presente en mayor o menor grado a lo largo de toda la obra del poeta, se convertirá en un procedimiento de importancia fundamental en sus dos libros últimos — puede abarcar también referencias a la cultura precedente: así, en el «castillo exterior» aludido en «Fuga a caballo» acaso no sea imposible ver un eco o respuesta al «castillo interior» enunciado en el título completo de *Las moradas* de santa Teresa, invirtiendo los términos, precisa-

5 «Vicente Aleixandre (1955)», en *Crítica, ensayos y evocaciones* (Barcelona: Seix Barral, 1970), particularmente p. 230.

mente, por cuanto la experiencia narrada en *Pasión de la tierra* es el reverso o negativo de una experiencia mística.

En *Pasión de la tierra*, para adoptar su propia frase, el poeta está «diciendo las palabras expresivas, aquellas que me han nacido en la frente cuando el sueño». El mundo que este estado de semivigilia revela se halla lejos de la dureza y compacta definición con que, en *Ámbito*, se ponía cerco a la materia: aquí cuanto toca el poeta es a menudo hueco («un huevo vacío», «los bolsillos vacíos», «Una cáscara de huevo»), fláccido («Una mano de goma», «trapos»), o perteneciente al mundo de lo inanimado y ficticio, que es a menudo también el de los objetos gratos a los surrealistas, los objetos sobreañadidos al hombre por la civilización («una careta de cartón», «puños de paraguas», «maniquíes»). Este universo inconsistente y quebradizo resume el vivir del hombre en un vacío final que, en otros momentos de la poesía de Aleixandre, será expresado por la invencible cerrazón de la nada: la sombra que, agotado de cansancio, no puede penetrar el pez espada de «Sin luz» en las oquedades submarinas de *La destrucción o el amor*, o el «bulto sin luz o letal hueso» contra el que se estrelló, al palpitar opreso e insistir tercamente, el corazón del poeta en un libro cuyo tono general tiende a presentárnoslo como más optimista («Sombra final», el soneto de *Historia del corazón*).

Ya el mismo título de *Espadas como labios*, al propio tiempo que prefigura el de *La destrucción o el amor*, equiparado el instrumento vulnerador con lo erótico, expresa esta identificadora dualidad: lo más esquinadamente duro y punzante — el acero — es lo más blando y entregador — el labio. Los elementos cortantes o agresivos dominan el libro: «cuchillos», «clavos», «diente duro», «peces de acero sólido», o el crecimiento de un cuerpo que quebranta techumbres o firmamentos y hunde abismos en «Nacimiento último». En el poema quizá capital del volumen, «El vals», los componentes de agresividad convergen con los de blandura o flaccidez y se les enfrentan: «los vellos van a pinchar los labios obscenos». Conviene acaso detenerse en ello. Al principio del poema se nos ha dicho que la orquesta elegante, en un medio de salón convencional, «Ignora el vello de los pubis». Lo que, puesto en relación con su contexto, nos expresa la imagen antes aludida es, pues, la irrupción liberadora del sexo, sellado y como oculto por la sociedad burguesa (sabemos que incluso en la pintura de desnudos se consideró inconveniente rurante mucho tiempo la plasmación del vello pubiano), tema que, al propio tiempo que actúa a modo de representación simbólica de la rebeldía del mundo natural, de los seres elementales, frente al mundo artificial de lo civilizado — según observó cumplidamente Bousoño — [6] nos permite considerar tal rebeldía como una amplificación generalizadora de la postergación del deseo físico por las convenciones. En este sentido podría leerse el siguiente memorable pasaje de *La destrucción o el amor:*

> *El mar entero, lejos, único,*
> *encerrado en un cuarto,*
> *asoma unas largas lenguas por una ventana donde el*
> *cristal lo impide,*
> *donde las espumas furiosas amontonan sus rostros*
> *pegados contra el vidrio sin que nada se oiga.*

Sería limitar el alcance de esta etapa de la poesía aleixandrina tender a reducirla, como hizo en cierto modo Cernuda en el trabajo que he citado anteriormente, a la expresión de una voluntad transgresora encaminada a reivindicar el erotismo en una sociedad que sanciona su represión; en efecto, este mar personificado, de múltiples rostros que se debaten con una angustia impotente y colérica, es también, a todas luces, una encarnación del subconsciente, de las retenidas fuerzas de lo irracional, de los instintos sojuzgados; pero no por ello la implicación erótica deja de estar presente, y en tal aspecto — la primera parte de *En un vasto dominio* lo expresará de modo particularmente claro — la obra de Aleixandre se sitúa en el centro de la vasta «rebelión del cuerpo» que Octavio Paz [7] ha señalado como característica de nuestra época. En este sentido, se opone violentamente a la tradición poética española posterior a la Contrarreforma (nadie es tan crudo como Quevedo, pero Quevedo no es erótico: lo domina, como a Swift y a diferencia de Donne, el horror por el cuerpo), tradición presidida por la ocultación o disfraz de lo corporal, para enlazar en cambio con alguna figura marginal como Aldana y con la lírica popular medieval. Sólo otro poeta de la generación de Aleixandre — precisamente Cernuda — se propuso una tarea parecida; pero, mientras que en Cernuda la reivindicación del

---

6 *La poesía de Vicente Aleixandre* (Madrid: Gredos, 1956²), particularmente pp. 35-39.

7 Véase Octavio Paz, *Conjunciones y disyunciones* (México: Joaquín Hortiz, 1969), y Octavio Paz y Julián Ríos, *Solo a dos voces* (Barcelona: Lumen, 1973).

cuerpo derivó hacia lo ético, en Aleixandre será el punto de partida de una amplia visión metafísica de la existencia humana y el mundo. «Obscenos» son, desde este punto de vista, los labios del verso que nos sirvió de punto de partida, precisamente en un sentido contrario al habitual: su obscenidad radica en su voluntaria o impuesta ignorancia de la verdad material del cuerpo, del «vello de los pubis»: la obscenidad consiste en creer que el cuerpo es obsceno. Pero al propio tiempo, en el sintagma «labios obscenos» (y ello pudo no entrar sino muy secundariamente en la intención del poeta, pero es una lectura que el texto consiente), el lector no deja de percibir la posible referencia a los labios del sexo femenino, calificados esta vez de acuerdo con el lenguaje convencional, en cuyo caso el verso se abre a otro significado latente: el cuerpo se rebela contra sí mismo, el vello pubiano hiere al sexo. Desdoblamiento: el cuerpo contra el cuerpo. Los labios serán espadas, y la destrucción, amor que aniquila, que se aniquila a sí mismo.

Invertariar los temas que aparecen de modo más persistente en *La destrucción o el amor* es tarea a la que se ha dedicado ya con fruto Bousoño, y excedería, de aspirar a la exhaustividad, el alcance de un texto de la naturaleza del presente. El tema de la clausura, de lo natural sofrenado que se debate contra su prisión, reaparece en pasajes como «El mar, encerrado en un dado, / desencadena su furia o gota prisionera» o «Soy el sol que bajo la tierra pugna por quebrantarla», por citar sólo dos ejemplos evidentes. La inversión tierra-sol que figura en el último verso citado expresa una tendencia general del libro: en la unidad del cosmos total, los planos de la realidad, y la relación entre los elementos naturales son intercambiables. Así, de la comparación mar-cielo («De nada sirve que un mar inmenso entero / sienta sus peces entre espumas como si fueran pájaros») podremos pasar a la consideración directa del cielo como mar en «los peces innumerables que pueblan otros cielos», del mismo modo que, equiparando el mundo vegetal y el animal, «Los árboles del bosque cantan como si fueran aves». El tema de la imagen, el espejo y el reflejo — que, hasta alcanzar su máximo despliegue en *Diálogos del conocimiento*, se hallará presente a lo largo de toda la obra de Aleixandre — es de los más frecuentes: «[Soy] un espejo donde la luna se contempla temblando», «como un claro espejo donde cantan las aves» (se refiere al cuerpo extendido de la amada, que es, según una constante que ya conocemos, comparado a un río y, como tal, refleja en sus aguas el mundo celeste: el río es cielo, como lo era el mar), «un duro acero vivo que nos refleja siempre». Este último ejemplo alude también al cuerpo amado, forma más elemental de relación con el mundo exterior: este mundo, es decir, este cuerpo, es «la limpia superficie sobre la cual golpeamos... superficie que copia un cielo estremecido». El amor como hostigamiento y como reflejo: «Látigo de los hombres que se asoma a un espejo». La comunión con el mundo, la ciencia del mundo, se expresa a menudo — de modo análogo al que veremos en «Conocimiento de Rubén Darío» de *Poemas de la consumación* y en diversos pasajes de *Diálogos del conocimiento* — a través de la quemazón de los labios o de su contacto con lo universal: «ese ligado latido / de este mundo absoluto que siento ahora en los labios», «la tentación de morir, / de quemarme los labios con tu roce indeleble, / de sentir mi carne deshacerse contra tu diamante abrasador». En el caso de los versos que acabo de transcribir, el diamante no aparece considerado como joya, sino como roca, como elemento de dureza del mundo natural, geológico: en esta acepción no tendrá el matiz peyorativo, de oposición a lo espontáneo, de ornamento, que Bousoño señala a partir de casos como las «esmeraldas u ópalos» de «Las águilas», sino que encarnará en la resistente fulguración del cuerpo amado la materialidad del mundo: «Tu forma externa, diamante o rubí duro», «Oh tú, calor, rubí o ardiente pluma». Del mismo modo que se convoca al diamante como superficie impenetrable, el rubí es elegido por su proximidad a la sangre: «quiero ser tú, tu sangre», nos dirá luego el poeta. Por oposición persistirán, en otro orden, los elementos efímeros que habíamos visto en *Espadas como labios* y anteriormente en *Pasión de la tierra:* «el cartón, las cuerdas, las falsas telas, / la dolorosa arpillera, el mundo rechazado», «rocas falsas, cartones», «Ay, tu corazón que no tiene forma de corazón; / caja mísera, cartón que sin destino quiere latir mientras duerme», «Los senos de cartón abren sus cajas». Este mundo de guardarropía es el polo contrario al poder de lo inmediato, al desnudo que, en un verso de «Triunfo del amor», se presentará como convergencia de la luminosidad, la joya en tanto que elemento positivo y los labios como vehículo de conocimiento por el contacto erótico: «Es la luz o su gema fulgurante: los labios». He explorado sólo en algunas direcciones, y sólo parcialmente me he internado en ellas: la riqueza estilística de *La destrucción o el amor,* cima de la obra aleixandrina de anteguerra, se abre, como no escapará al lector, a indagaciones muy diversas.

III

Desorden del mundo: orden del mundo. Tal es la sucesión alternada de principios que define la nueva etapa alieixandrina. *Pasión de la tierra, Espadas como labios* y *La destrucción o el amor* son libros del desorden universal; en adelante — y este principio vale tanto, en mi opinión, para *Sombra del Paraíso* como para *Historia del corazón* y *En un vasto dominio* — lo que en aquellos títulos aparecía amenazante, bifurcado y disgregado, se someterá a una armonía. El universo cobra sentido. *Mundo a solas* supone ya un primer paso en esta dirección. El síntoma más visible del cambio es la menor irracionalidad en la escritura, la menor frecuencia del alogicismo que caracterizaba a los títulos anteriores, el espaciamiento de las imágenes de agresión o violencia. De este escenario, desde el primer poema, ha desaparecido el hombre. Triunfaron los elementos destructores, pero terminó la lucha. Por contrapartida, *Sombra del Paraíso* es la versión positiva de *La destrucción o el amor.* Son posibles interpretaciones biográficas (el tránsito, en el poeta, de la juventud al inicio de la madurez) para explicar el serenamiento que preside estos nuevos libros; y, en otro orden, no está excluido ver en *Sombra del Paraíso,* escrita en los años inmediatamente posteriores a la guerra civil, una elegía colectiva. Pero los problemas exegéticos que en su día planteó la inserción de *Historia del corazón* en la trayectoria del poeta — y que son visibles en las páginas que a la cuestión dedica el estudio de Bousoño —, si bien surgieron más agudamente a raíz de dicho libro, hubieran podido concernir ya a *Sombra del Paraíso,* no en la técnica (e incluso parcialmente en ella: la de *Sombra del Paraíso* no es aún la escritura narrativa y analítica de *Historia del corazón,* pero no es ya la de *La destrucción o el amor),* pero sí en la actitud: hasta *Mundo a solas* la poesía de Aleixandre expresa la pujante irrupción de lo oculto, de lo prohibido, su reivindicación y el pánico a la vez liberador y mortífero que suscita en la mente. Después de este libro — e incluso cuando, en *Poemas de la consumación,* aparezcan nuevos elementos susceptibles en principio de introducir el desorden: la decadencia física, el envejecimiento, la muerte — la conciliación es el tema central de la obra del poeta. Esta conciliación concierne primero al amplio cosmos, trasposición del tumulto de las fuerzas interiores, aunque visto ahora desde una perspectiva que se refiere al pretérito: *Sombra del Paraíso.*

Basta una lectura atenta de toda la producción de Aleixandre posterior a *Mundo a solas* para advertir que los problemas de exégesis a que aludí, si bien no podían dejar de plantearse a los analistas, deben ser resueltos en el sentido de afirmar la fidelidad del escritor al sentido evolutivo de su obra. Ésta tiene, a mi modo de ver, dos grandes momentos, en un proceso de amplificación inicial y posterior concentración y reducción. Un planteamiento previo, en *Ámbito*, ciñe y pone cerco a las formas aparentes. A partir de *Pasión de la tierra*, asistimos al descubrimiento de las corrientes secretas de la conciencia, que se materializarán, cada vez más agigantadas y diversificadas, en el innumerable repertorio de seres y cosas de un mundo del que son proyección y metáfora, y que es proyección y metáfora de ellas: lo irreductiblemente individual se hace cósmico. Pero también lo cósmico se hace individual: conciliado el universo en *Sombra del Paraíso*, pasaremos del vasto escenario mundanal a la pareja, en *Historia del corazón* — a la pareja histórica, concreta, al tú y yo inconfundibles, no a lo erótico universal de *La destrucción o el amor:* por lo mismo, los factores psicológicos cobrarán aquí por primera vez importancia — y, ya en el mismo libro, al individuo en tanto que inmerso en la humanidad, en la especie. Éste será el punto de partida de *En un vasto dominio,* que del cuerpo irá a la sociedad. Encarnación del mito corporal en la historia: el cuerpo en la ciudad, en la palabra del poeta, en el pueblo que se confunde con la montaña en que se asienta, en la estatua idéntica a las olas del mar que la acogió. Más adelante, en *Poemas de la consumación,* el sujeto no es ya la pareja, o el individuo humano idéntico a través de tiempos y latitudes, sino determinado individuo particular — el propio poeta — en determinada circunstancia de su vida — la entrada en la vejez —; pero, al mismo tiempo, este individuo es cualquier hombre: todos pueden reconocerse en su experiencia.

Así, el círculo se ha cerrado. Partimos, en *Pasión de la tierra,* de la conciencia del poeta, y regresamos, desde otra vertiente, a ella. Del vértigo tumultuoso de lo irracional, insaciable y poderoso, hemos llegado a su ordenación, de la alucinación al éxtasis. *Sombra del Paraíso,* este fulgurante himno a la plenitud sensorial de un mundo acorde con su sentido, señala el inicio del segundo momento aleixandrino. Cumplidas, en *Poemas de la consumación,* las últimas consecuencias de esta trayectoria, el poeta nos dará un libro que, desde el otro extremo de la obra, responde a *Ámbito: Diálogos del conocimiento.* Lo que allí era, antes de iniciar la trayectoria, asedio a la realidad exterior, es en *Diálogos del conocimiento* meditación del mundo desde la cúspide de la trayectoria. Pocos poetas hispánicos contemporáneos son al tiempo tan peculiares en su expresión y tan diversos en ella a lo largo de su carrera como Aleixandre; pocos tan reconociblemente fieles a sí mismos. Del estallido de *Pasión de la tierra*, que actúa por bruscas explosiones de imágenes autónomas, al desmenuzamiento temporal de *Historia del corazón* y *En un vasto dominio*, hasta llegar — después de *Retratos con nombre*, que cierra esta etapa del poeta y, en sus poemas dedicados a figuras diversas, reales o no, anticipa la creación de voces hablantes que singularizará a *Diálogos del conocimiento* — a la progresiva y cerrada conceptualización de los dos libros últimos, Aleixandre ha mostrado el desarrollo entero de una cosmovisión poética. Interrogado sobre sus poetas preferidos, el nuestro contestó: «Aquellos cuyo desarrollo ha cumplido una curva vital.» [8] Resulta evidente que tal es el ejemplo cumplido con pleno rigor, que Aleixandre se fijó para sí mismo.

IV

Los dos volúmenes más recientes de Vicente Aleixandre, *Poemas de la consumación* (1968) y *Diálogos del conocimiento* (1974), constituyen un grupo autónomo en la obra de su autor, que viene a culminar. La redacción del segundo libro siguió inmediatamente a la del primero, lo que explica su complementariedad. *Poemas de la consumación* preanuncia *Diálogos del conocimiento;* pero la amplitud del despliegue de este último título es única, no sólo en el interior de la obra de Aleixandre, sino en la lírica española contemporánea. Sólo el Juan Ramón Jiménez de *Espacio* — y, en otro sentido, el de *Dios deseado y deseante* — había alcanzado, entre los poetas peninsulares en lengua castellana de este siglo, un tan absoluto y esencial fulgor en la búsqueda metafísica. Como en Juan Ramón Jiménez, la plenitud del último Aleixandre va unida a una mayor complejidad expresiva, cercana a veces a la oscuridad, y a una reducción y concentración del campo semántico y el repertorio imaginístico. El acecho a lo inefable que se ha propuesto el poeta determina tales particularidades.

Poemas de la consumación y *Diálogos del conocimiento* son libros de tema único, enunciado en su título — la consideración de la

8 «Respuesta al cuestionario Marcel Proust», en *Obras completas*, páginas 1.621-1.623.

vida desde la perspectiva de la vejez y la vecindad de la muerte en el primer caso, el enigma de la conciencia humana y el sentido del mundo en el segundo — que se contraponen por sus características externas. *Poemas de la consumación* está formado por cincuenta poemas, en general extremadamente breves — los hay que no llegan a diez versos —, aunque no falten algunas excepciones; *Diálogos del conocimiento* consta tan sólo de catorce piezas, pero la extensión de cada una de ellas («Los amantes viejos», por ejemplo, supera los ciento veinticinco versos) hace del libro el integrado, proporcionalmente, por mayor número de poemas largos de toda la lírica aleixandrina. El metro, en *Poemas de la consumación*, es variado y frecuentemente corto; en *Diálogos del conocimiento* rara vez llega al versículo — que había dominado en otras entregas del autor —, pero tampoco desciende sino en contadas ocasiones por debajo del alejandrino o el endecasílabo, con la excepción de un solo poema.

Lo que primero sorprende en *Diálogos del conocimiento*, con respecto a *Poemas de la consumación* y aun a toda la obra producida por el poeta después de la guerra civil, es la dificultad de su lectura. Desde su período parasurrealista, es decir, desde *Espadas como labios, Pasión de la tierra* y *La destrucción o el amor*, Aleixandre no nos había entregado un volumen que resistiera tan pertinazmente a cualquier intento de lectura racionalizadora. Ello proviene tanto de la naturaleza misma de lo emprendido en la obra como del hecho, vinculado a lo anterior, de que en ella el poeta ha llevado a sus últimas consecuencias determinados rasgos de estilo que ya aparecían en *Poemas de la consumación*. El más singular y visible posiblemente sea la tendencia a la concatenación de aforismos de sentido ambiguo, a menudo alógico, que además en muchas ocasiones se excluirán mutuamente puestos en relación con el contexto. Este falso estilo aforístico — ejemplificado por lo común en la identidad entre dos infinitivos, o en oraciones cuyo sujeto es un pronombre personal, casi siempre «quien», y al que con frecuencia se refieren dos verbos, uno en presente y otro en pretérito perfecto — domina el sector más reciente de la poesía aleixandrina de modo tan claro como, en el pasado, lo había hecho el empleo de la «o» identificativa.

No escasean ejemplos del procedimiento en *Poemas de la consumación:* «Conocer es reír», «Conocer no es lo mismo que saber», «Quien duda existe» nos lo ofrecen en su formulación probablemente originaria, susceptible aún de una glosa racional. Pero ya en «Quien fue» nos hallamos ante series del orden de «Quien ve conoce, quien ha muerto duerme, / Quien pudo ser no fue», o más adelante «Quien pudo amar no amó. Quien fue, no ha sido», la última de las cuales encierra una violenta contradicción. El poema más característico en este aspecto es el titulado «Conocimiento de Rubén Darío». Un epígrafe lo califica de «intermedio», y, en efecto, es la única composición que no participa de la temática general del libro, o por lo menos no en su nivel más inmediato, y por sus procedimientos se emparenta con el volumen siguiente hasta tal punto que tal vez no sea arriesgado aventurar la hipótesis de que fue principalmente el hecho de que en él no se empleara la forma dialogada lo que decidió su inclusión en *Poemas de la consumación*.

En «Conocimiento de Rubén Darío» convergen varios de los motivos característicos de la última etapa aleixandrina. El tema del poema es, como indica el título, el conocimiento: el tránsito de los sentidos a la mente. El poema se abre con la mirada, para pasar al tacto de las manos, y al labio. En «Como Moisés es el viejo» se nos dice que el hombre muere «en la boca la luz»; el beso, ya desde los días de *La destrucción o el amor*, es ciencia y perdición fulmínea de quien lo da o recibe. Rubén pone las manos en el crepúsculo («poner en su quemar las manos es saber»; el soldado de «Sonido de la guerra», en *Diálogos del conocimiento*, nos dice «Tenté. Quien tienta vive») y todo el calor del mundo arde en su labio. El segundo movimiento se centra, nueva y definitivamente, en la mirada. Del mismo modo que, en «Sin fe», al fondo de los ojos oscuros de la amada aparecen unos brillos «que oscuridad prometen» y en «Cueva de noche» la amada es «aurora funeral que en noche se abre», a un tiempo nocturnidad y luz, en «Conocimiento de Rubén Darío» el mundo que contempla Rubén (asimilable, pues, al cuerpo con quien nos fusiona el deseo: erotismo cósmico y personificación animista, antropomorfización del mundo o amplificación visionaria del cuerpo) abre una oscuridad que es claridad, y consume los ojos con su incandescencia. Rubén sabe, pero su saber pertenece a la esfera de la mente: «No música o ardor, no aromas fríos, / sino su pensamiento amanecido». Y este saber — «saber es conocer» — es, como el del místico o el filósofo que nombra lo absoluto, un saber que rechaza el verbo, un saber de elisión y mutismo: «El que algo dice dice todo, y quien / calla está hablando». En su aparente paradoja, esta conclusión nos evoca la también aparente y secretamente turbadora obviedad del aserto de Wittgenstein: «De lo que no se puede hablar, mejor es callarse». No me propongo hacer un uso abusivo de Wittgenstein — o de Heidegger, que a su vez también consentiría aquí paralelismos —, pero me parece innegable que el último

Aleixandre, y en particular el de *Diálogos del conocimiento*, se propone hablar, precisamente, de aquello que se resiste a ser nombrado. De ahí esta esgrima ininterrumpida de enmascaramientos y desenmarcaramientos verbales, de proposiciones que, imposibles en el plano de los hechos objetivos, existen sólo por el poder de las palabras, son puros entes del lenguaje, y crean un tumulto que equivale al silencio y lo suscita.

Junto al estilo aforístico, reaparecen en *Poemas de la consumación* diversos hechos de estilo que figuraban ya en la obra precedente de Aleixandre pero que, a mi modo de ver, serán determinantes en este libro y en el siguiente. Así, la rima interna («y destellos los besos, muertos dieron»), la aliteración («urgidos de una sed que un soplo sacia») y el juego de palabras («Existir es vivir con ciencia a ciega», que permite por lo menos una segunda lectura — «conciencia a ciegas» — y, en rigor, una tercera — «conciencia, ciega» — y una cuarta — «con ciencia, ciegas» —, y ello por más que la pntuación las excluya: una cosa es el sello unívoco que quiera conferir el poeta al pasaje y otra las posibilidades fónicas que éste admite, y que, en tanto que tales, son queridas). Asume un papel importante la intertextualidad, referida exclusivamente a la propia obra (en *Diálogos del conocimiento*, como veremos, podrá con carácter de excepción aludir a obra ajena). Así, los dos versos iniciales de «Ayer» repiten, respectivamente, de modo literal y paralelístico los dos versos finales de «Cercano a la muerte», y en el tercer tramo de «Cumple» se reproducen, con sólo una variante de léxico y otra de puntuación, dos versos de «Vida», de *La destrucción o el amor*. El juego intertextual se establecerá de modo particularmente fecundo entre *Poemas de la consumación* y *Diálogos del conocimiento*, y en el interior de este último libro: el verso inicial de «Quien hace vive», del primer volumen, será parafraseado en «Los amantes viejos» del segundo, y de modo semejante asistiremos, entre uno y otro título, al tránsito de «Quien muere vive, y dura» a «Quien siente vive, y dura», de «Ignorar es vivir. Saber, morirlo» a «Conocer es amar. Saber, morir», de «La noche es larga, pero ya ha pasado» a «Larga es la noche, pero ya ha cedido». Pero las relaciones pueden abrazar libros anteriores del autor: «El hombre no existe, de *Mundo a solas*, será en *Diálogos del conocimiento* «El hombre existe», y el desenlace de «Hijo de la mar», un poema de *En un vasto dominio* — «Como en la mar, las olas» — será en «La maja y la vieja», de *Diálogos del conocimiento*, «Como el mar en las olas». Es fácil advertir que la mayoría de las veces tales referencias — por otro lado, no necesariamente perceptibles para cualquier lector —, más que a corregir, confirmar o desmentir la escritura anterior se encaminan a introducir en ella la ambigüedad y lo polivalente.

En determinado momento — de modo especial en *La destrucción o el amor* y *Sombra del Paraíso* — la poesía de Aleixandre estuvo habitada, como ha observado Bousoño, por una fauna numerosísima. Su ámbito era el cosmos, y en él llameaba la escala de los seres. Pero, en *Poemas de la consumación* y de modo más acentuado aún en *Diálogos del conocimiento*, el centro del poema se ha desplazado al interior del hombre. Así, los elementos que entrarán en juego serán relativamente reducidos y resultarán operantes principalmente por la complejidad y recurrencia de sus relaciones. La luz, la sombra y la noche — a menudo intercambiables, del mismo modo que, en la «Canción del día noche» de *Poemas de la consumación*, lo serán la esfera terrestre y la celeste — dominarán con su alternancia y su mutuo reflejo este universo. El alba, la llama, las luces, el arder, la quemazón, frente — recojo vocabulario del poeta — a la puesta, el ocaso, la ceniza. Pero no frente a ello, sino en constante comunicación, propuesta a los sentidos, y principalmente a los ojos, que de un lado lo copian y de otro son cegados. La muerte es oscuridad, pero también luz y relámpagos; y el mar — poblado por «espinas» — puede ser tanto el dominio de las sombras como el de la luminosidad. De este modo, los diversos motivos que reaparecen en *Poemas de la consumación* y amplían aún más su alcance en *Diálogos del conocimiento* son referibles a un núcleo común: el universo y su imagen, el diálogo entre el ser y la apariencia, entre la mente y lo fenoménico. El mito de Narciso adquiere aquí su valor emblemático. Presente ya en «Horas sesgas» de *Poemas de la consumación*, reaparece, sin ser nombrado, en uno de los parlamentos del amador del «Diálogo de los enajenados» del siguiente libro. En otro poema del mismo, «Dos vidas», uno de los interlocutores, el joven poeta segundo, ilustra la concepción del mundo exterior como espejo. La pasión erótica — y la pasión de la vida — es la fusión con la imagen.

Así, el primer poema de *Diálogos del conocimiento* — notemos, por otra parte, que estos textos dialogados son en realidad yuxtaposiciones de monólogos paralelos, contrapuestos o convergentes, no verdadero diálogo dramático — se abre con la evocación de la luz vista al fondo de unos ojos, es decir, en el instante amoroso. Pero ahora esta luz no existe; en la unidad del mundo, que es tierra, cielo y ave, una sola luz total impone su dominio a un cuerpo telúrico, hecho piedra, mineral. Como el soldado — que es quien pronuncia

este parlamento —, la alondra que cierra el poema se compara a
una piedra. La ceguera, la luz, la tiniebla, lo mineral, el reflejo del
mundo en los ojos, la llama, la blancura o la claridad y el luto, serán desde estos versos iniciales los centros polarizadores del libro.
El brujo de «Sonido de la guerra» cegará; la mujer de «Los amantes viejos» será, con su brillo, «eco y espejo», responderá al mundo
una y otra vez, asentirá a la claridad de unas estrellas que se le asi-
milan, en tanto que el hombre que debía fusionarse con ella se irá
sumiendo en la oscuridad; Maravillas, la joven de «La maja y la
vieja», será toda brillo, identificada a la luna y al cielo luminoso,
alto resplandor ante los ojos; ciego tras haber creído en las luces, el
viejo de «El lazarillo y el mendigo» invocará desde su penumbra
a la duda absoluta, el demonio, «hijo del sol»; «El inquisidor, ante
el espejo» edificará un tejido de contagios y oposiciones entre imagen y espejo, nieve y carbón, fuego y sombra, hoguera y hielo, y estructuras análogas reaparecerán en los sucesivos poemas del libro.
El contraste o confrontación en su estado más puro presidirá «Diálogo de los enajenados», «Dos vidas» y «Yolas el navegante y Pedro el peregrino», que son, como «El lazarillo y el mendigo», debate entre dos formas de vida. «Yolas el navegante y Pedro el peregrino» lo lleva al terreno más abstracto y más preciso a la vez: el
elemento marítimo frente a la permanencia del mineral.

El erotismo es penetración en lo infranqueable, vulneración del
cuerpo y su secreto, exorcismo que, por magia mimética, aspira a
propiciar la integración en la realidad exterior. Desde *Pasión de la
tierra* late e irradia en la raíz del verso de Aleixandre. El brujo de
«Sonido de la guerra» invocará la sangre tras los labios, besados por
el amante; el amador del «Diálogo de los enajenados» cavará en los
cuerpos como en la tierra; el dandy del mismo poema — coinci-
diendo en esto con la Juliette de Sade, que, como él, desliga el erotismo del amor — apelará, tras la desnudez, a la escueta presencia
del hueso. Los sentidos se desplazarán: si en «Horas sesgas» de
Poemas de la consumación el poeta escuchaba a una sombra, en
Diálogos del conocimiento la muchacha de «Después de la guerra»
oirá el sonido de la luz. Luz y oscuridad, personificadas, piensan: no
es que el pensamiento humano se aplique a la tiniebla o a la claridad, sino que, en el escenario asolado de «Sonido de la guerra»,
impera «el pensamiento de la luz sin hombres», y, en «Los amantes
viejos», el universo entero es el cráneo donde piensa la oscuridad.
El propio mundo, en «Después de la guerra», es un pensamiento,
«pero no humano».

La persistencia o mayor explicitación de los temas y procedimientos que habíamos empezado a inventariar en *Poemas de la consumación* convierte a *Diálogos del conocimiento* en el libro quizá más compactamente cohesionado de toda la poesía de Aleixandre: fuego tallado, buril y cristal de roca. Reaparecen la rima interna («¿Dónde el beleño de tu sueño?»), la aliteración («Ralo el pelo pende»), combinadas a veces con el juego de palabras («lama / la llama el azul claro»), y hallamos también la reelaboración de la frase hecha («Sólo un reflejo o mano / mortal, que vida otorga. / Y sé. Quien calla escucha», parece provenir de o encaminarse a crear un desmembramiento del usual «Quien calla, otorga», suscitado por la acción retrospectiva y mnemotécnica del último verso citado sobre el que lo precede) y la intertextualidad llega a la paráfrasis (a dos paráfrasis sucesivas: «Ayer viví. Mañana ya ha pasado» y «Ayer murió. / Mañana ya ha pasado») de un célebre verso de Quevedo, sin dejar por ello de referirse principal y frecuentemente a la propia obra del autor («Mi destrucción amante», «Espadas como flores para los labios», «La destrucción o amor en las negras arenas»). El falso estilo aforístico adquiere aquí su más extrema complejidad, y también su mayor índice de frecuencia: «y ella [la madre originaria, la gran maternidad cósmica] nos cubre y somos, si ser ella es ser, siendo / pero no siendo»; «Quien habla escucha. Y quien calló ya ha hablado», son sólo dos ejemplos. El predominio de los aforismos oscuros o contradictorios, visible sobre todo en la primera mital del libro, configura a buen número de poemas de *Diálogos del conocimiento* como una difícil sucesión de proposiciones abstractas, de una elevación y majestad inalterables, entre las que se encapsulan como un brusco fuego movedizo los estallidos de las sinestesias, metonimias e imágenes alógicas.

El mundo como espejo y el espejo como mundo: el Swan del poema a él dedicado nos dice que pasó «ante el grandioso espejo en que viví», y para Yolas el navegante las ciudades son «el reflejo del sol y sus espejos», mientras que los montes «son espejo / para todo lo vivo», en «Dos vidas», estos mismos montes que, en «Quien baila se consuma», aparecen «como cuerpos tumbados». La tierra es un cuerpo y es su refracción en un espejo, en un ojo: el ojo humano y el ojo del cosmos. De este modo, los temas de las relaciones entre pensamiento y realidad fenoménica, y entre erotismo y conocimiento, se revelan idénticos al de las relaciones entre palabra y mundo.

La maja existe sólo porque se refleja en los ojos ajenos; no ya su

desnudez — hemos visto que el deseo del dandy llega al hueso, y
el joven poeta primero de «Dos vidas» nos dirá que «la carne es
el vestido» —, sino sus venas brillan para todos, pero todos están
ciegos. ¿Deslumbrados? No, tal vez, sino abiertos a la verdadera visión, ya que para el protagonista masculino de «Los amantes viejos» es patente que «el ojo ciego un cosmos ve». A la certeza destructora del mendigo — «Destrucción, tú me has hecho» — se opone
la duda del lazarillo, cuyo cuerpo, como los que aparecían a veces
en Sombra del Paraíso, adquiere en su crecimiento proporciones
cósmicas. El inquisidor — sombra que otorga sombra y que también
otorga llama, es decir, calor, mas esta quemazón es el «frío / de una
nieve perpetua» — se habla ante el espejo, pero también el Dios a
quien se dirige le es un espejo. En el «Diálogo de los enajenados»,
la contraposición entre el rendimiento del amador al vórtice del deseo y el distanciamiento del dandy se expresa al principio tanto por
el tenor de sus parlamentos — el amador vive poseído por el mundo
y los cuerpos a través de la mirada: el «brillo» el aire para sus ojos,
la luz de «un bulto joven» que éstos sienten, la búsqueda, como
Narciso, de la imagen vista en las aguas que son espejo —, como por
la presencia de la rima asonante en a en la segunda intervención del dandy; pero, significativamente, cuando ambos se entregan
a la consumación final la asonancia en uo los identifica, presente en
las palabras últimas de uno y otro. En «Después de la guerra», el
viejo vive en el ámbito de la idea más allá de la forma, en el silencio del mineral y el árbol, en la ceguera, mientras que la muchacha
— como la mujer de «Los amantes viejos» — siente el mundo en sus
labios, expresando su comunión universal incluso a través de la aliteración («En los labios la luz, en la lengua la luz sabe a dulzuras»),
identificada a la flor y a las estrellas, que, al igual que ocurrirá con
el joven poeta segundo de «Dos vidas», laten en su mejilla. Ciego en
el resplandor, el protagonista de «Los amantes jóvenes» siente en su
boca «todo el fuego del mundo», y su amada vive hollando el sol
con sus plantas: no es un labio lo que ha visto, sino «una estrella
sola». En «Dos vidas» el joven poeta primero se contrapone a Narciso, distanciándose de la luz que le muestra el espejo de la soledad,
al paso que el joven poeta segundo comulga con sus ojos con la luz
y el brillo del mundo visible. El torero de «Misterio de la muerte
del toro» nos dirá «Soy la luz», pero el toro, cerrado en su soledad,
cegará. El Proust de «Aquel camino de Swan» — que, al igual que
la mujer de «Los amantes jóvenes», no tiene nombre, es decir, nombre verdadero que cifre su ser — es «reflejo de un ojo que no exis-

te / porque nadie lo mira» (como, para Machado, «El ojo que ves no es / ojo porque tú lo veas; / es ojo porque te ve») y Swan, a quien hemos visto ante un gran espejo universal, es «un brillo en el pecho» y, «por dentro, otros brillos extintos». De «un astro extinto», y «como sombra», llega el niño de «La sombra» y anhela «una sombra»; y es «una sombra» su padre que fue, más que una luz, un «pabilo ahogado». Yolas el navegante — que se corresponde con el joven poeta segundo de «Dos vidas» — es «joven / como la luz» y en su frente rutilan las estrellas — o acaso su frente son las estrellas —; es el mar, confundido con la claridad, «espumas o llamas», y sus ojos ven que los cuerpos de los amantes copian las estrellas; Pedro el navegante, en cambio — equivalente al joven poeta primero —, busca la «sombra profunda» y en sus labios no se halla la luz — como en los de Rubén Darío o en los de la muchacha de «Después de la guerra» — sino «la piedra». El mineral es sombra y el mar es claridad. El bailarín de «Quien baila se consuma» es, en «una mar salobre», «espuma», mientras que el director de escena ve «Un montón de lujuria, pero extinto, en la sombra».

La corriente disyuntiva e identificativa se establece, como habíamos apuntado anteriormente, entre los grupos luz-elemento marítimo-visión y los grupos sombra-mineral-ceguera u oscuridad. Los espejos, los reflejos, el erotismo, el papel de otros sentidos — y particularmente el tacto de las manos y los labios —, además de la vista (la tácita equiparación labio-estrella que hemos visto en «Los amantes jóvenes» es, aparte de ilustrar las relaciones entre individuo y cosmos, harto significativa a este respecto), al igual que el entrecruzamiento de miradas e imágenes múltiples o la oposición entre soledad e identificación con el mundo son otras tantas manifestaciones de este centro generador. Como «cántico de la luz desde la conciencia de la oscuridad» definió Aleixandre a su Sombra del Paraíso. En Diálogos del conocimiento este tema se ha subsumido en una constelación aún más amplia de símbolos visionarios que sucesivamente se oponen, se complementan o se confunden. Como la de Trakl o la del último Juan Ramón Jiménez, a cuyo antecedente aludí al principio — y no porque haya que pensar en influencias, sino en paralelismo de preocupaciones —, la poesía del último Aleixandre es un arte combinatoria que procede por permutación, sustitución o superposición de un repertorio extremadamente parco de elementos. Lo verdaderamente sorprendente y admirable, como en los otros dos casos que he citado, es el hecho de que dichos elementos revistan tal valor polisémico que su reaparición pase inadvertida al lector común y sea sólo perceptible para el analista. Desde sus inicios — desde el ceñido dibujo perfilado de lo concreto, la definición del trazo y el contorno de la materia visible que caracterizaba a los poemas de *Ámbito* — la poesía de Aleixandre puede resumirse en una palabra: unidad. La imaginería frondosísima de *La destrucción o el amor, Pasión de la tierra* o *Sombra del Paraíso* expresaba a un tiempo la disolución de la conciencia individual en el universo y el universo como imagen o proyección interior de dicha conciencia. La objetivación de la etapa de *Historia del corazón y En un vasto dominio* preanuncia el desdoblamiento en múltiples personajes de *Diálogos del conocimiento*, y el desdoblamiento ulterior y reconocimiento de éstos en las imágenes del cosmos (así, el viejo de «Después de la guerra» se reconoce en un árbol). Cada ser, en la luz total — inseparable de la tiniebla total —, es idéntico a los otros, y todos son el poeta: el ojo que, ciego, se ve a sí mismo, la palabra que se designa al designar el mundo, la pasión erótica que se reencuentra en los cuerpos ajenos, la percepción que asume la unidad de mente y materia. Conocimiento de lo unitario, fragor y quietud de un cosmos hecho idea, de una idea que es el cosmos.

NOTAS SOBRE JUAN BENET

J UAN Benet es sin lugar a dudas la figura nueva más destacada de la literatura española de los últimos años, y uno de los escasos nombres realmente relevantes de la narrativa de posguerra en el país. A sus cuarenta años, en 1967, Benet era un desconocido; en la actualidad, sólo tres escritores de su generación — Rafael Sánchez Ferlosio, Luis Martín Santos y Juan Goytisolo — pueden comparársele en prestigio y repercusión. Los dos primeros que acabo de nombrar pertenecen en alguna medida al pasado. Como se sabe, Ferlosio publicó hace casi veinte años su última — y en rigor única — novela, aunque los rumores de una eventual reaparición se han reproducido periódicamente desde entonces y acaso un día puedan verse confirmados, según parece indicarlo la reciente aparición del ensayo *Las semanas del jardín*, primer libro dado a conocer por Ferlosio tras el largo silencio que siguió a *El Jarama*. Muerto en 1964, Martín Santos dejó inconclusa la primera redacción de una parte de su posible segundo novela, *Tiempo de destrucción*, cuyo extenso manuscrito se ha publicado póstumamente. Goytisolo, en fin — el Goytisolo de *Señas de identidad* y *Reivindicación del conde don Julián*, a los que vendrá a añadirse en breve *Juan sin Tierra* — ha visto dificultada su influencia en la evolución de la nueva literatura española tanto por las trabas con que tropezó en su día la difusión de estas obras en el país como por el carácter singularizado y decididamente heterodoxo de la ideología que las informa. (A los nombres que acabo de citar podrá sin duda añadirse en breve el de un escritor más joven: Luis Goytisolo, autor de *Recuento*, cuya primera edición ha aparecido en México a fines de 1973.) Por lo demás, ninguno de estos novelistas — a pesar de ser Martín Santos y Ferlosio amigos personales suyos — presenta el menor punto de contacto con Benet, quien se nos aparece así doblemente solitario: en el interior de su generación y en el contexto total de la literatura española. Solitario, también, en la literatura en lengua castellana;

aunque Benet, junto a vivísimas críticas de algunos autores latino-americanos, haya expresado reiteradamente su admiración por Rulfo, García Márquez o Vargas Llosa, lo cierto es que sería erróneo tratar de emparentarle con cualquiera de ellos. La incidencia decisiva de Benet sobre la literatura castellana de la península es un hecho sobradamente conocido; fuera de haber sido proclamado finalista del último premio Rómulo Gallegos, no dispongo — si se exceptúan unas recientes declaraciones de Octavio Paz [1] — de mayor información acerca de la acogida que hasta el momento haya conocido la obra de nuestro escritor por parte de la opinión literaria latino-americana.

Las notas que siguen tienen un propósito limitado. No me propongo examinar los dos libros ensayísticos publicados por Benet — La inspiración y el estilo y Puerta de tierra — ni su producción escénica, reunida en el volumen Teatro, ni siquiera, en rigor, la totalidad de su narrativa. Centraré mis observaciones en lo que hasta ahora es el núcleo más importante de ésta — el ciclo de Región —, prescindiendo de aquellas páginas que — como el relato que da título a Nunca llegarás a nada o algunas partes de Sub rosa — abordan otra temática. Hasta el presente, la obra narrativa de Juan Benet comprende cuatro novelas — Volverás a Región, Una meditación, Un viaje de invierno y La otra casa de Mazón —, tres libros de relatos — Nunca llegarás a nada, Cinco narraciones y dos fábulas y Sub rosa — y una novela corta — Una tumba —.

La simple consideración cronológica de los títulos enunciados en el párrafo anterior basta para poner de relieve que — tras el silencio glacial y unánime que acogió en 1961 su primer libro de relatos — Benet ha empezado tarde a publicar, y una vez abierto el fuego, lo ha seguido haciendo a un ritmo creciente. Pese a que cada una de sus obras ha ido presentando dificultades mucho más graves que la anterior, el éxito de crítica ha sido también cada vez mayor, aunque la resuelta independencia de Benet y su voluntad polémica (su ataque a Galdós, en ocasión del cincuentenario de la muerte de este novelista, es sólo una prueba de ello), unidas a su

---

1 En «Octavio Paz: literatura y experimentación», entrevista llevada a cabo por Marcos Ricardo Barnatan y publicada en el suplemento literario número 305 (16 de mayo de 1974) de Informaciones, Paz declara: "Una novela como el Conde don Julián o las novelas de Benet está muy cerca de lo que a mí me interesa en literatura, a veces mucho más cerca de lo que hacen algunos latino-americanos célebres».

ruptura básica con el estilo dominante en la literatura española de posguerra, podían haber hecho temer que se desencadenase un movimiento de signo reaccionario contra su figura. Si esta reacción ha llegado siquiera a existir es evidente que quedó sofocada de inmediato por el simple hecho de que cuantos puedan gozar de alguna autoridad literaria se han pronunciado resueltamente en favor de la novelística benetiana. Sin embargo, conviene notar que esta aceptación no fue pronta. La primera novela de Benet, *Volverás a Región*, escrita entre 1962 y 1964, no halló editor hasta diciembre de 1967, y, de hecho, apenas conoció más que un tardío «succès d'estime» entre algunos iniciados hasta que el premio Biblioteca Breve concedido en 1969 a *Una meditación* y la posterior publicación de esta obra convirtieron a Benet primero en un autor polémico, luego en un autor de moda, y finalmente en el escritor español que de modo más patente (lo cual resulta paradójico: Benet es un escritor irrepetible) está influyendo en los nuevos novelistas.

En su origen, *Volverás a Región* era, casi como *Una meditación*, un bloque único, ininterrumpido; la actual invisión en cuatro extensos capítulos le fue sugerida a Benet por su amigo Dionisio Ridruejo. De hecho, en la novela se distinguen dos partes estructuralmente bien diferenciadas. La primera — el actual capítulo primero; aproximadamente el primer tercio de la obra —, tratada como un amplio fresco, narra los antecedentes colectivos del drama individual que ocupará la segunda. Ésta, que cubre los tres siguientes capítulos, transcribe sin solución de continuidad una vasta conversación entre dos personajes. Varias cosas podían sorprender en *Volverás a Región* al lector de literatura española de la época. Ante todo, el escenario y el estilo (aunque uno y otro se hallaban ya en *Nunca llegarás a nada*, libro que, pese a sus cualidades, nadie se había tomado en su día la molestia de leer). Región — suerte de provincia imaginaria española, afín a ciertos parajes leoneses — es, hasta ahora, el escenario privilegiado de la narrativa de Benet. Más que con el Macondo de García Márquez (al que, por lo demás, es anterior) tiene que ver con las topografías imaginarias de Faulkner o de Thomas Hardy, o incluso con el sertón de Euclides da Cunha o la Cuernavaca reinventada por Malcolm Lowry.

Las primeras páginas de *Volverás a Región* ya insinúan la unidad del ciclo: la «tumultuosa, ensordecedora y roja diada» de «los días torrenciales» será en *Una meditación*, casi textualmente («una roja, ensordecedora y violenta riada») el nexo inicial entre las dos familias que centran la primera parte del relato. La «tumba recién abierta que aún conserva el aroma de la tierra oreada y el fondo encharcado de agua» será la imagen obsesiva que presidirá *Una tumba*; el viejo guarda — el Numa —, temible y vengativo morador del monte, acerca de cuya significación nos extenderemos luego, no faltará en ninguna obra del ciclo; más adelante, en fin, se nos aludirá al «horror de los viajes invernales», se nos presentará a la familia Mazón y se hará mención de episodios de la lucha entre sarracenos y cristianos: el primer dato preanuncia en filigrana *Un viaje de invierno*, los otros dos serán capitales en *La otra casa de Mazón*. Esta interrelación, este juego de claves y referencias veladas, se reproducirá en cada nueva obra. Así, el doctor Sebastián, que ya apareció en *Nunca llegarás a nada*, es el protagonista de *Volverás a Región;* el suicidio de un cabo de la Guardia Civil, al que se alude repetidas veces en *Una meditación*, reaparecerá en *Un viaje de invierno;* Yosen, el demente místico, de *La otra casa de Mazón*, había sido ya fugazmente mencionado en *Una meditación*. De este modo, la novelística de Benet — y éste es, a mi juicio, su principal paralelismo con la de Faulkner — se desarrolla en espiral, por una sucesión de anillos concéntricos; no es arriesgado afirmar que, a pesar de las diferencias de tratamiento que en el plano estético las separan, cada una de las piezas hasta hoy publicadas del ciclo de Región forma parte de una vasta estructura conjunta.

Lo que más pudo en su día chocar al lector español en Benet es el estilo, violenta transgresión y desafío lanzado a la totalidad de la prosa castellana de posguerra. Se ha ponderado su dificultad: Benet construye interminables párrafos, pródigos en los más inesperados y prolijos incisos, y eriza su período de complicaciones sintácticas. No se han notado tanto, quizás, otros rasgos: el gusto por la solemnidad, por cierta tétrica grandilocuencia, por las comparaciones y asociaciones desusadas, por la ironía derivada del contraste entre el énfasis oratorio de la prosa y la materia a menudo irrisoria o abyecta a que hace referencia (este último rasgo se aplica sobre todo a algunas partes de *Una meditación*). Entre los contemporáneos se ha mencionado, casi exclusivamente, el antecedente faulkneriano. Diré que otras herencias no me parecen en Benet menos perceptibles que ésta. (Siendo un escritor de estilo inconfundible, Benet presenta al propio tiempo una de las características centrales del arte moderno: la pluralidad de niveles referenciables.) La preferencia por los cultismos y la adjetivación deliberadamente recargada recuerdan sin duda a Conrad y Melville; mucho del sistema de comparaciones y metáforas imprevistas remite a Proust;

el tono de discurso filosófico — dominante sobre todo en *Una meditación* y en *Un viaje de invierno* — evoca el Thomas Mann de la madurez. Más genéricamente, el estilo de Benet se inscribe en una extensa tradición literaria europea: el estilo solemne, el de los oradors e historiadores (el título de *Sub rosa* fue sugerido por una locución leída en Tácito). Es además un estilo bifurcado, un palimpsesto: contiene su propia crítica y su propia parodia latente. De ahí la brusca irrupción de citas entrecomilladas e incrustadas en el texto en forma a menudo pintoresca (en *Volverás a Región*, por ejemplo, se toman de Nietzsche o Faulkner frases referentes a perros), la concatenación voluntariamente oscura de términos abstractos y abstrusos, los vocablos extranjeros — épave, degoût, etc. — incorporados sin más aparente funcionalidad que la decorativa.

Región es, a todas luces, y en uno de los niveles de lectura más visibles, una representación de España, y las dos novelas primeras de Benet constituyen — lo cual no agota, ni con mucho, sus implicaciones — una reflexión sobre el destino histórico de este país a partir del estallido de la guerra civil. En un dificilísimo y admirable «tour de force», Benet dedica, al principio de *Volverás a Región*, no menos de diez páginas a una exhaustiva descripción orográfica de la imaginaria comarca donde transcurre la acción de la novela. Utilizando los conocimientos del vocabulario especializado adquiridos en su profesión — Benet es ingeniero de caminos — el novelista lleva a cabo la insólita proeza técnica de otorgar a una descripción de apariencia rigurosamente objetiva, tan escueta y concreta como el informe de una comisión de geólogos, una inquietante ambivalencia. Valga sólo un ejemplo: «...aquellas *largas, profundas y tenebrosas* inmersiones silúricas y devónicas con las que el cuerpo *azotado y quebrantado* del continente se introduce en el *bálsamo esterilizador* de la mar para *recubrirse de una coraza* de calcio y sal» (los subrayados son míos). Aunque la propiedad de esta descripción es irreprochable, la presencia de los hechos de estilo que he subrayado basta para conferirle una dimensión mítica y alegórica.

Volverás a Región y *Una meditación* encarnan el tema central de Benet — la ruina, la decadencia y el deterioro físico y moral inherentes a la condición humana — en el proceso de la vida española de posguerra. El primer capítulo de *Volverás a Región* es épico: las descripciones de escaramuzas y acciones bélicas, de movimientos tácticos y repliegues de tropas — con una precisión y un dominio del vocabulario militar que nada tiene que envidiar a los de Saint-

Simon —, tanto como el retrato de figuras arquetípicas (el viejo profesor republicano súbitamente heroico y patético en la derrota, el franquista teniente Gamallo a quien la contienda vale un súbito y tardío ascenso en el escalafón) parecen apuntar a una vasta crónica colectiva. En los capítulos siguientes se produce el brusco viraje: una única situación — un joven idiota, tarado por una infancia ominosa y recluido en su cuarto; el viejo doctor Sebastián, un derelicto humano, y la mujer que viene a visitarle como oscuro nuncio de la muerte — se prolonga hasta el fin de la novela. La posguerra ha asumido a Región en la postración moral más extrema; recreándose en su propia abyección una población escasa, diezmada y mezquina se complace en acogerse a la irracional protección del Numa, encarnación a la vez trágica y grotesca de la ciega brutalidad de las fuerzas reaccionarias: un viejo guarda jurado que vive solitario en el monte — se le compara repetidas veces con un pastor tártaro o un habitante de la taiga — sin más designio que abatir de un tiro a cuantos irrumpan en un coto cuyo dueño ya nadie recuerda.

La principal dificultad de lectura de esta parte de *Volverás a Región* reside en el hecho de que Benet — renunciando, como Faulkner, a cualquier pretensión de diálogo realista — convierte los prolongados parlamentos del doctor Sebastián y su visitante en un discurso fluctuante que desplaza constantemente su nivel de significación. La historia central no es, con todo, inextricable tras una lectura atenta: la mujer es la hija de Gamallo, retenida como rehén por los republicanos y marcada por esta experiencia, como su padre lo había sido por su fracaso amoroso con María Timoner, que pasó a manos de un desconocido tahur, defraudando con ello también las esperanzas del doctor Sebastián. De un modo o de otro, ambos personajes han llegado al límite de la desesperación: sus muertes, igualmente gratuitas (en manos del idiota, el doctor Sebastián; abatida por un tiro del Numa, su visitante) sellarán una condena que sólo en lo material no estaba ya cumplida.

El esquema que acabo de transcribir resulta engañosamente simplificador; de hecho, gran parte de la dinámica de la novela reside en la maraña de referencias oscuras o parciales, de pequeñas contradicciones, de datos inquietantes o incompletos que cuestionan la convención narrativa. Muchos sucesos permanecen oscuros e inexplicados; otros sorprenden por su extravagancia; no faltan aquéllos cuyo significado deberá rastrearse subterráneamente en los entresijos de la obra posterior del autor. Así, nunca llegaremos a saber

— tras un dilatado clímax expositivo que se cerrará burlando la expectativa del lector — de dónde procede aquel ruido semejante al de un solitario e inverosímil motor de explosión que oye en el monte el viajero extraviado. Pero en un relato publicado seis años más tarde — «De lejos», perteneciente a *Sub rosa* — se nos dará casi entre líneas una tardía pista en el pasaje siguiente: «Un monte perdido, un cielo sin una nube, tan sólo los graznidos — como las infructuosas revoluciones de un motor que no se decide a arrancar — de un par de urracas...» En otro orden, el sorprendente episodio del aprendizaje en la mina, con la vieja barquera que adopta múltiples disfraces, anuncia el género de fabulación bufa que dominará *Una meditación*. Un pasaje fantástico, que parece salido de una moralidad medieval o de un relato de Achim von Arnim — el encuentro nocturno del doctor Sebastián con una desconocida en quien adivinamos a la Muerte, que viene en busca de María Timoner — introduce, en clave, un «calembour»: la Muerte es burlada porque confunde a María Timoner con María Gubernäel (Gubernäel vale por «gobernalle», es decir, timón, de donde Timoner) y éste es el apellido de una anciana paciente del mismo establecimiento donde, al cuidado de Sebastián, convalece María Timoner de una enfermedad por otra parte imaginaria.

Si en *Volverás a Región* predominaban lo épico y lo dramático — y el primero de tales registros no ha vuelto hasta ahora a ser abordado por Benet — en *Una meditación* el discurso y aun el ensayo se superponen constantemente a la narración y ésta abunda en percances de farsa. Es sabido que Benet, que ya en *Volverás a Región* había mostrado su preocupación por el tiempo y la memoria, decidió en *Una meditación* someter el acto mismo de la escritura a las discontinuidades del recuerdo en la experiencia diaria: escrito en un rollo de papel continuo que imposibilitaba la relectura, el original de *Una meditación* debía confiar solamente en la memoria de su autor para proseguir. No debe exagerarse la importancia de este procedimiento, decisivo sin duda para el trabajo de Benet, pero en modo alguno determinante total de los resultados. De hecho, Benet no publicó el producto bruto de su experiencia, sino que, una vez concluido el texto, lo sometió a una extensa revisión.

Una meditación es posiblemente la más importante de las novelas publicadas hasta ahora por Benet y una de las cimas de la narrativa española de este siglo. Tras un prólogo retrospectivo, que evoca, en un apacible ambiente burgués, los días anteriores al inicio de la guerra civil — que se sitúa en la infancia del narrador,

cuya edad coincide por lo tanto con la de Benet, aunque visiblemente el libro esté muy lejos de ser autobiográfico —, la obra va
transcribiendo en un «continuum» enunciativo (en el libro no hay
un solo punto y aparte y los escasos diálogos se integran en el cuerpo
del texto) a la vez la narración dispersa de unos pocos hechos sór-
didos y las reflexiones del narador sobre ellos. Si — discúlpeseme la
esquematización — *Volverás a Región* era ante todo la novela de la
guerra, *Una meditación* es principalmente la novela de la posguerra,
en una Región que se nos describe como embalsamada y momificada.
Una meditación es la novela del temor, de la renuncia, del desáni-
mo, de unos seres convertidos en caricaturas de sí mismos, de un
país replegado hacia su «proto-país».

El principal hallazgo de Benet, en *Una meditación,* es posiblemente la homogeneidad e impasibilidad del tono. El estilo, rico en
cláusulas y considerandos, que en *Volverás a Región* perseguía ante
todo efectos plásticos y retóricos, se aproxima aquí al discurso cien-
tífico. Más que estilo de orador, es estilo de ensayista, y más aún
estilo de filósofo, de jurista o de moralista. Desde esta perspectiva
distante, las acciones humanas aparecen automáticamente niveladas
en un mismo plano moral, y sólo son relevantes, precisamente, como
datos que permiten formular un juicio en el terreno ético. De ahí que
el constante tránsito de lo narrativo a lo reflexivo, del relato al discurso — aludo a las dos categorías propuestas por Benveniste, a la segunda de las cuales viene a adscribirse a mi modo de ver buena parte
de la narrativa de Benet — se integre en un solo bloque estético.

Aunque narrada en zigzag — puesto que es interrumpida constantemente por las reflexiones del narrador, que además suele entre-
cruzar o sobreponer unos recuerdos a otros — la trama de *Una meditación* es en líneas generales menos ambigua que la de *Volverás
a Región*. Las principales oscuridades, salvables en una lectura atenta, derivan del hecho de que Benet suele omitir el sujeto a lo largo
de varias páginas, dándolo por sabido o supliéndolo a lo sumo mediante un pronombre personal que puede ser aplicable a distintos
personajes. Sin embargo, resulta evidente que, si en *Volverás a
Región* el autor se complacía en procurarnos datos equívocos y con-
fundir las pistas, aquí el narrador — a quien el propio Benet ha definido como un canalla, culpable de varios de los hechos que narra — no sólo no nos dice todo lo que sabe, sino que omite algunos
hechos esenciales, que sólo podemos colegir, al modo detectivesco, a
través de sus consecuencias. El ejemplo quizá más concluyente de
esta característica del libro nos viene dado por la personalidad de

Jorge Ruan y las relaciones que mantiene con su padre. Jorge, a quien su muerte ha convertido en un mito local, adquirió celebridad como poeta; su padre, escritor más oscuro, le profesó una inquina creciente; por otro lado, la producción poética de Jorge quedó bruscamente interrumpida en edad que todavía le hubiera permitido seguir dando mucho de sí. ¿Qué hay detrás de todo ello? El narrador no nos lo dirá: posiblemente tenga razones para no hacerlo; sin embargo, en el texto están — y semejante técnica, más aún que en las novelas policiales, hace pensar en los relatos de madurez de Henry James — los elementos necesarios para que el lector llegue por sí mismo, aun a pesar de las ambigüedades y falacias de la exposición, a la conclusión más certera. Sabemos que nunca se le habían conocido a Jorge particulares aficiones literarias; que, lo que es más, rehuía hablar, o lo hacía en tono chocante y despectivo, de cuantas gentes y cosas tuvieran que ver con la literatura. Ello, aunque singular, podía no pasar de ser extravagancia de escritor. Pero será el propio narrador de *Una meditación* quien nos procure, inadvertidamente, la pista decisiva. En los últimos tiempos de la vida de Jorge, éste sólo llegó a escribir un poema de amor, del que se nos habla en los siguientes términos: «...todo el poema no era más que una sarta de vaciedades, filosofía barata sobre el tema de la posesión y la renuncia, hecho con tal poco arte que bien se podía decir del hombre que lo había escrito — *si era el mismo de los famosos poemas de quince años antes* — que estaba completamente agotado». (El subrayado es mío.) Unas pocas páginas más adelante, otro inciso casual nos confirmará la sospecha que puede suscitar el pasaje anterior: «...el hombre que con tan pocas palabras» — se nos dirá de Jorge — «había sabido encender el entusiasmo de tan buen número de contemporáneos se recreaba con frecuencia en poner en evidencia todos los aspectos grotescos de un culto fariseo al verbo. Y su propia poesía, a la que no se refería a menos que algún imprudente la sacara a colación, era el primer objeto de su furor crítico. No he conocido nunca, ni creo que conoceré, un escritor *(si es que llegó a serlo)* más negativo...». Tanto en el microcontexto del pasaje transcrito como — con mayor razón todavía — en el macrocontexto de la obra, donde no puede dejar de ser pertinente, la reaparición de esta cláusula hipotética, del todo innecesaria incluso como recurso retórico, procura al lector la pista que necesita para inferir la verdad: Jorge no fue el autor de los poemas que le dieron fama, sino que los hurtó a su padre. De ahí el comportamiento posterior de uno y otro.

Volverás a región y *Una meditación* son dos novelas extensas (más de trescientas apretadas páginas) y elaboradas a lo largo de un dilatado período de tiempo: la escritura de *Una meditación* no ocupó a su autor menos de cinco años y, aunque *Volverás a Región* esté fechado entre 1962 y 1964, el inicio de su gestación debe fecharse en época muy anterior. (He tenido acceso a un primer manuscrito en borrador del arranque de *Volverás a Región* en el que aparecían los gitanos que en el primer relato publicado acerca de Región, «Baalbec, una mancha», incluido en *Nunca llegarás a nada,* acampaban en aquella comarca.) Tras estas dos obras de vastas proporciones, Benet parece haber tendido a la concentración: su siguiente título será una novela corta, y sus dos nuevas novelas largas son sensiblemente menos extensas que las anteriores y muestran un planteamiento muy distinto, centrado — en contraste con la visión totalizadora y omnicomprensiva de *Volverás a Región* y *Una meditación* — en el juego de relaciones entre unos pocos personajes en el asfixiante enclaustramiento de un escenario único. A diferencia del diálogo entre el doctor Sebastián y su visitante en *Volverás a Región,* las conversaciones de los protagonistas de estas obras no suscitarán, o lo harán sólo en débiles y pasajeros fogonazos, las visiones de la memoria. Son personajes hundidos, condenados; si en *Volverás a Región* y *Una meditación* asumían su caída o intentaban escapar de ella, en *Un viaje de invierno* y *La otra casa de Mazón* parecen hallarse (recogiendo las palabras finales de *Una meditación)* «en busca de este consuelo que sólo se encuentra en la desesperanza». En consecuencia, la acción de estas novelas será mucho menos pródiga en incidentes que la de las anteriores: en un tiempo parado, estático — como en la inmóvil catalepsia de un acuario — los personajes borrosos y fantasmales de *Un viaje de invierno* convocarán una y otra vez las ceremonias rituales de un pasado abolido, y los grotescos títeres que recorren *La otra casa de Mazón* se limitarán a farfullar su abyecta complacencia en la propia ruina.

Una tumba es, en su género, una obra maestra. Se trata de una «ghost story» al modo anglosajón, género que Benet volverá a abordar en algunos relatos de *Cinco narraciones y dos fábulas.* El episodio de la Muerte, ya mencionado, en *Volverás a Región,* o el fantasma del padre del Indio, en *Una meditación,* habían anunciado ya esta vena en Benet. El fantasma que protagoniza *Una tumba* terminará posesionándose del ánimo de un niño; si añadimos que, en otro orden, este niño mantiene relaciones paaeróticas con la señora de la casa, el recuerdo del James de *The turn of the screw* parecerá inevitable; sin embargo, tratamiento e intención son muy distintos. Como el Numa, el antepasado — un militar carlista — que inquieta el mundo de los vivos en *Una tumba* es una supervivencia abominable y maligna de otros tiempos, un espectro súbitamente devuelto a la vida por el precipitado de odio y rencor de la guerra civil. Benet había descrito escenas eróticas en *Volverás a Región* y, más frecuentemente, en *Una meditación*. En ambas ocasiones llamaba la atención su impasibilidad, su desprecio hacia los lugares comunes de la literatura galante. Por ello, las páginas que narran la muda iniciación erótica del niño de *Una tumba* en el lecho de la señora constituyen una excepción en la obra de Benet, acaso el primer signo de una zona nueva, casi inexplorada hasta hoy por el escritor (en distinto registro, y fuera ya del ciclo de Región, así lo anunciarían en parte los primeros relatos, irónicos y casi vodevilescos a sabiendas, de *Sub rosa*), que puede ser relevante en el ulterior desarrollo de su obra.

Una tumba está narrada con el fúnebre aparato escénico de una vieja película de terror. El gusto de Benet por la adjetivación enfática y sombría, por el tono sentencioso y hermético, conviene admirablemente a la atmósfera de la obra, que en un plan claro, ordenado y casi simétrico (el primer capítulo nos enfrenta a la tumba profanada; el segundo nos narra la vida anterior del niño y su iniciación erótica; el tercero relata la espectacular muerte — que evoca las leyendas en torno al asesinato de Rasputín — del siniestro antepasado; el cuarto, en fin, la posesión del niño por el mundo de los muertos) contiene acaso una alegoría de los grupos sociales encadenados a su pasado y con él y por él precipitados a la propia destrucción, tema éste de los más característicos de Benet y que dominaba ya *Una meditación*. Es, en todo caso, la más lírica (con *Un viaje de invierno*) de las obras de Benet, y sólo las características de su edición, por otra parte bellísima, explican que hasta el presente no haya alcanzado la difusión de otras.

Por contraste, *Un viaje de invierno* es sin duda el libro más secreto, difícil y oscuro de cuantos Benet lleva publicados. El título procede del ciclo que Schubert compuso en sus últimos tiempos (Benet es autor de un ensayo sobre la época final de este músico, incluido en el volumen *Puerta de tierra*) y, a decir verdad, a lo que más se parece el libro es a la depurada serenidad de un concierto de cámara. La obra transcurre nuevamente en Región, pero escenario y personajes son evanescentes. Aquél se reduce a su pura conotación; las interminables descripciones topográficas de los libros anteriores son sustituidas por indicios casi emblemáticos. En cuanto a los personajes, sólo de tres — la dama enlutada que anualmente convoca una recepción para festejar el temporal retorno de una hija acaso inexistente; el sirviente que ha acudido a la casa llamado por un oscuro designio, y el músico fracasado que terminará irrumpiendo en aquella recepción fantasmagórica para tocar el piano ante un auditorio de sombras — poseemos la suficiente información para considerarlos algo más que puntos de referencia de la escritura. En torno a un solo incidente — el rito, observado con escrupulosidad maníaca, de la recepción anual en la que siempre habrá de presentarse, sinistro, un desconocido a quien no se esperaba —, *Un viaje de invierno* excluye toda progresión: transcurre en un tiempo cíclico, circular, del mismo modo que, maniatados por la cadena prolija de sus incertidumbres y premoniciones, la dama y el criado reducen su existencia — prisioneros de un ceremonial vacío de sentido — a la reiteración silenciosa de constantes idas y venidas por la mansión desolada, en tanto que, signos amenazantes de otro ámbito, un bando de grajos y un caballo errante inquietan el monte, heraldos de la destrucción.

De todo lo debido a Benet, me parece *Un viaje de invierno* el libro que de modo más flagrante está escrito a contrapelo de los hábitos del lector (y por una paradoja que ya mencioné es en cambio el que parece haber obtenido mayor consenso por parte de la crítica).

Desde el elemento distanciador introducido por unas acotaciones marginales, cuya ironía no puede las más de las veces resultar más evidente, hasta la compacta cerrazón de una prosa voluntariamente huérfana casi por completo de contenido anecdótico, *Un viaje de invierno* extrema el difícil rigor de la anterior producción de Benet. Una atmósfera macabra, solemne y glacial (evocamos un baile anual de aparecidos) se cierne sobre el discurso benetiano. Pese a que el autor ha reducido visiblemente el empleo de la imaginería y la metáfora con respecto a obras anteriores, *Un viaje de invierno* es, como ya apunté al hablar de *Una tumba,* la más lírica de las novelas largas de Benet. Representa, al propio tiempo, una de las experiencias-límite de su escritura, cristalizada aquí en una hermética y solitaria perfección.

Escrita casi simultáneamente a *Un viaje de invierno, La otra casa de Mazón* muestra características muy diversas. Como el Faulkner de *Requiem for a nun,* Benet alterna aquí la forma narrativa y la dramática; como el de *The wild palms* — cuya traducción caste-

llana ha prologado[2] — narra paralelamente dos historias contrapuntadas. Apresurémonos a señalar las diferencias. En primer lugar, mientras que las páginas narrativas eran un puro apéndice en
Requiem for a nun y el cuerpo del libro estaba constituido por la
sección dialogada, *La otra casa de Mazón* alterna rigurosamente ambos procedimientos: el libro se compone de cinco partes narrativas
y cinco partes dramáticas. En segundo lugar, si las historias de *The
wild palms* eran independientes y hasta heterogéneas del todo, en
La otra casa de Mazón las dos tramas principales — una de las cuales corresponde a los capítulos narrativos y la otra a los dramáticos — abordan desde distintos segmentos temporales episodios diversos de la sombría saga familiar de los Mazón.

Tras una espléndida obertura descriptiva, en la que reaparecen
viejos motivos del ciclo de Región — un mundo proscrito, de decre-
pitud y decadencia —, Benet nos introduce en una zona alucinato-
ria. Los capítulos narrativos relatarán lúgubres historias de renco-
res y venganzas, sobre el diorama sangriento y difuso de la guerra
civil: la muerte, la putrefacción física, la sombra del manicomio, el
acecho del odio, los habitantes de las tinieblas, el erotismo irriso-
rio y casi fúnebre, el poder de una silenciosa e inexorable maldi-
ción, la infancia condenada por las fuerzas oscuras — arquetipos de
la panoplia benetiana — serán las constantes de este relato com-
pacto, acezante, brutalmente puntuado por las bruscas precipitacio-
nes del recuerdo o la ira. No menos sombría, la parte dramática de
la obra preferirá recurrir al sarcasmo: en 1954, en la vieja y ruinosa
casa de los Mazón, los últimos supervivientes — presididos por el
vástago Cristino Mazón, a quien posee un irracional orgullo de aris-
tócrata de guardarropía — mantendrán, atento el oído a los disparos
del Numa, un inacabable diálogo de desesperados. Un rey de bara-
ja, cubierto de ferralla, con corona de latón, narrará prolijamente su
muerte en una batalla medieval de moros y cristianos; Yosen, enlo-
quecido, proferirá dicterios e imprecaciones como un profeta bíblico;
serán convocados fantasmas familiares; Cristino Mazón y su sirvienta se dirán su odio impotente. Pocas veces Benet ha empleado tanto
como en estos capítulos dramáticos la ironía y la burla; pocas veces
ha obtenido resultados tan trágicos. Chirriante y sangrienta en unas
partes, atravesada en otras por inaudita violencia, *La otra casa de*

---

2 Se trata de la edición publicada en 1970 por Edhasa de Barcelona, en
la colección «Latinoamericana de Bolsillo».

Mazón es por ahora la última novela de Benet. En *Sub rosa,* publicado pocos meses después, algunos relatos retornan a Región, ya sea para, en filigrana, ambientar ahí las andanzas de Sherlock Holmes y Watson («Una línea incompleta»), ya para exponer una variante de los conflictos de venganza y derota que conocemos desde *Volverás a Región* («Horas en apariencia vacías»). En otras partes del libro, Benet se complace en volver la espalda a su propio mito regionato, por la vía de lo irónico o — en el relato que da título al libro — de la aventura marítima. Pero, en la medida en que resume las categorías morales y estéticas propuestas por el escritos, el ciclo de Región no está cerrado. Explícitamente expuesto o no — hemos visto que en *Un viaje de invierno* particularmente la incidencia de este escenario era mínima —, Región es el núcleo central de este universo.

LA POESÍA ÚLTIMA DE JOSÉ ÁNGEL VALENTE

MEDIADA la pasada década, los poetas más representativos de la generación española dada a conocer en los años cincuenta habían encontrado ya en su período de madurez y, con la irracional mecanicidad propia de los hábitos, se convertían, de jóvenes promesas, en poetas establecidos. Ciertamente, libros como *Moralidades*, de Jaime Gil de Biedma; *Tratado de urbanismo*, de Ángel González; *La memoria y los signos*, de José Ángel Valente; *Alianza y condena*, de Claudio Rodríguez, o *Palabras a la oscuridad*, de Francisco Brines quedarán entre lo más valioso de la poesía española de posguerra. En el conjunto de estos poetas, sin embargo, el caso de Valente es singular; ninguno ha sentido como él la experiencia de un replanteamiento fundamental del propio problema poético y — aunque haya sido a costa de arriesgarlo todo —, ninguno ha conseguido dar como él el salto que separa al poeta simplemente notable del poeta de real importancia. En algunos aspectos, *La memoria y los signos* (1966), era ya un gran libro; era, en todo caso, un libro excelente, y sin lugar a dudas la culminación de la manera iniciada en los anteriores títulos del autor. *Siete representaciones* (1967) era igualmente una obra muy destacada. Pero a partir de *Breve son* — su libro más desigualmente acogido por la crítica, que aún se mostraría más indiferente a la siguiente entrega, *Presentación y memorial para un monumento* —, Valente, con una sinceridad y audacia poco comunes, emprendió un resuelto camino experimental, que no deparía de sorprender o desconcertar a su público. El esquema usual de la generación era roto y Valente aparecía, cada vez más, como un nuevo Cernuda, y ello en el sentido más auténtico y genuino; no era en absoluto un epigono, un corifeo poscernudiano, sino que repetía el gesto que hizo la grandeza de Cernuda: la soledad. Quizá ningún poeta, de los que formaban su grupo generacional — si realmente lo hubo —, ha tenido tanto valor y tanta lucidez para plantearse la necesidad de ir más allá de los propios logros. El poeta que ha escrito *El inocente* ha conseguido, a costa de la arriesgada y difícil aventura de sus dos anteriores libros, un salto cualitativo único en su generación. Hasta el presente, Valente era un poeta muy notable; era, incluso, un poeta excelente; este libro le acredita ya como algo más: un gran poeta o, si se quiere, un poeta total.

El estilo de Valente, es inconfundible; ya aparecía, más sumariamente, en su primer libro, *A modo de esperanza* (1954). En un estilo poco común en los poetas españoles. Se caracteriza por la sequedad, la concentración expresiva, la ausencia de verbalismo, cierta áspera concisión. La temática es a menudo sombría, crepuscular, reflejo de una sociedad en crisis; la nota sarcástica y desesperanzada, lo aludido o elidido, las zonas sombrías, el examen implacable del propio proceso poético, son las principales constantes de *El inocente*. Valente es ante todo un moralista, y su poesía está en los antípodas de la elegante frivolidad — cómplice, en última instancia, de la reacción — que caracteriza a otros poetas de su generación. El amor, que aparece frecuentemente en su poesía, está presentado en forma absolutamente ascética. No se trata de erotismo o de pasión del sentimiento; es el amor como instrumento de liberación, en la más genuina tradición surrealista. Las alegorías son escuetas, a menudo oscuras, como mensajes cifrados que se proponen principalmente inquietarnos; quizá no aludan a nada concreto más allá de sí mismas, como no sea a nuestra propia inestabilidad esencial, a nuestras contradiciones, al peso muerto o el callejón sin salida que la poesía académica se propone ante todo ignorar. Lautréamont, Rimbaud o Artaud serán lógicamente los puntos de referencia de esta poesía. Ya en *Breve son*, Valente hacía suya la conocida consigna de Ducasse: «La poesía debe tener por objeto la verdad práctica.» En *El inocente*, el poema de homenaje conjunto a Lautréamont y Rimbaud — cuya fuerza descansa principalmente en su extraordinaria convicción y rotundidad — o el homenaje-*collage* a Antonion Arthaud nos hablan de la fidelidad de Valente a la única corriente auténticamente revulsiva de la poesía moderna.

Se ha desfigurado, con demasiado frecuencia, la imagen de Cernuda. Cernuda es grande principalmente por la ejemplar honradez de su trayectoria, y no desmintió nunca sus orígenes vanguardistas. El poeta de *Desolación de la Quimera* y el de *Los placeres prohibidos* es el mismo. Y más aún: nos dice lo mismo. De ahí que sean esterilizantes y, en último término, anticernudianas las corrientes miméticas que, centrando su atención en el sector formalmente más clásico de la obra de Cernuda, ignoran toda su significación vital, su violenta subversión de las pautas de conducta de una sociedad alienante poesía amaestrada, académica, cuya condena el mismo Cernuda pronunció en un poema inolvidable: *Birds in the night*. Como Cernuda, Valente ha aprendido la verdadera lección de Rimbaud; de ahí que ningún otro poeta español sea tan auténticamente cernudiano. La poesía de Valente, en el momento de su madurez, se replantea a sí mismo y proyecta su acción corrosiva sobre una realidad a menudo brutalmente abyecta. Los últimos poemas de Valente — a veces de sorprendente laconismo y poder de síntesis — son a un tiempo sondeos o inquisiciones en el lenguaje y en la vida — es decir, en el poema y en la verdad práctica —. Cualquier indulgencia sentimental ha desaparecido; así, los poemas que evocan recuerdos de infancia o adolescencia del poeta — ya extremadamente parcos de efectos en *A modo de esperanza* o *La memoria y los signos* — están exentos de toda complicidad afectiva. El tono es casi siempre frío y neutro; cuando el poeta accede a introducir en su dicción serena, enunciativa y distante algún elemento de énfasis, será para poner entre paréntesis el material poético o para distorsionar el lenguaje por el sarcasmo más negro, desesperanzado e hiriente. Los elementos temáticos «nobles» — así, por ejemplo, las referencias mitológicas — están brutalmente desmitificados, reducidos al nivel de la cotidianidad. Incluso el poema histórico — del que en *El inocente* hay un solo ejemplo, dedicado a la grandiosa y solitaria figura de Miguel de Molinos —, lejos de toda tentación decorativa, se convierte en un monólogo angustioso del poeta con la figura evocada.

El sentido de *El inocente* es el de toda gran poesía: la negación de lo usual, de lo aceptado, la contravención de lo establecido — empezando por la propia poesía, por el propio hecho poético. Desde una madurez expresiva nada frecuente. Valente ha sabido dar su parte a la sombra, al silencio, a lo no deseado, a la rebeldía en suma. Con demasiada frecuencia la poesía es entre nosotros lo que Dylan Thomas llamaba «un oficio o aburrido arte»: un ejercicio retórico, en suma. *El inocente* es auténtica poesía, es decir: poesía que tiene por objeto la verdad práctica. Quizás esta voz solitaria no sea de momento comprendida. Acostumbrados a la lectura de los versos, ¿habremos olvidado que la poesía es algo más y sobre todo, algo distinto? Se impone una mayor precisión en el vocabulario: no parece aconsejable que la misma palabra pueda designar a la poesía académica y a la poesía que se propone un cometido liberador, es decir, a la poesía de vanguardia.

TRAYECTORIA DE JOSÉ ÁNGEL VALENTE

Entre los poetas españoles de su generación — la que se reveló en la década de los cincuenta — ninguno ha mostrado una evolución tan ejemplar como la de José Ángel Valente, ninguno ha alcanzado — en cualquiera de sus etapas — logros de una magnitud comparable y ninguno ha revelado tal capacidad de rigor autocrítico. No desconozco con ello los demás valores de esta generación; mal podría hacerlo; en otras ocasiones y lugares, he dejado constancia de mi aprecio por el trabajo de diversos poetas que a ella pertenecen. Se la agrupó un tiempo — y quien repase el artículo dedicado a Valente en la edición castellana del Larousse tendrá ocasión de comprobar la nefanda supervivencia del tópico desde su ultratumba — bajo el rótulo y precinto del realismo histórico o social. Lo que por ello entendían entonces los más fue, a decir verdad, parte muy mínima de la obra de los poetas relevantes; más exacto, aunque más necesitado de matizaciones que no es éste el momento de hacer, sería afirmar que, en lo expresivo, lo que sobre todo distinguió a esta generación fue la reconquista de un habla poética libre del énfasis y la retórica que el romanticismo tardío, el modernismo rubendariano y el garcilasismo (con un paréntesis: los poetas mayores del 27) habían ido acumulando, a modo de sucesivas descargas de torpedo, en los registros de la lengua literaria de la pesía en castellano. Pero esta empresa — que a fin de cuentas no es otra que la búsqueda de un lenguaje personal, lo cual, empezando por Rubén Darío, caracteriza a todo poeta — no puede resumir a toda una generación, tanto más cuanto que, en el caso presente, diríase que la mayoría de sus miembros parecen haberse dado por satisfechos con ello, siendo así que no podía ni debía ser sino el paso previo a un ulterior despliegue.

Se eliminó, sin duda, a la vieja retórica; pero lo que se obtuvo a cambio no fue, ciertamente, el lenguaje poético, tenso y conflictivo que es signo, desde Lautréamont o Rimbaud, de la poesía contemporánea, sino más bien, inesperadamente, una nueva forma, más solapada quizá, de academicismo. El gran problema previo, el problema previo por excelencia — el tránsito del lenguaje instrumental al lenguaje sometido a interrogación y autocrítica —, fue pura y simplemente soslayado por muchos. Entre quienes de un modo o de otro llegaron a planteárselo, ninguno ha ido tan lejos como Valente y a ninguno se debe, hoy por hoy, una obra tan sólida. Su evolución es paralela a la que, en el terreno de la prosa narrativa, ha llevado a Juan Goytisolo a la radical transgresión estilística, y aun idiomática, de su *Don Julián*, y es significativo que en ambos casos el problema de fondo aparezca, indisociablemente, tan vinculado a lo ético como a lo lingüístico. Pero si a partir de *Señas de identidad* — y de *El furgón de cola* — puede afirmarse que en Goytisolo ha habido ruptura, me parece, en cambio, indudable que en Valente, aunque la falta de perspectiva pudiera hacer creer otra cosa a los críticos de la época, las premisas estaban dadas desde el comienzo y su poesía no ha necesitado desmentirse a sí misma para alcanzar su grado máximo de tensión — lo cual equivale a afirmar que, de *A modo de esperanza* (1954) a *El inocente* (1970) hemos asistido al desarrollo indagatorio de una misma propuesta, de una única exploración.

Quienes repasen la primera sección del volumen *Las palabras de la tribu*, que reúne los escritos teóricos de Valente, hallarán formulados, de hecho, los supuestos que la poesía recogida en *Punto cero* ilustra con tal lucidez y consecuencia que justifica plenamente, a mi modo de ver, el calificativo de ejemplar que apliqué a la evolución del escritor al empezar estas notas. Acabo de decir que no ha habido hiato o negación del propio pasado, que la poesía de Valente se nos aparece como un discurso ininterrumpido; nada más cierto, y la lectura continuada en el actual volumen conjunto lo corrobora pero no por ello conviene quizá dejar de observar que, por lo menos desde el punto de vista de la incidencia pública de la actividad del poeta, cabría distinguir en cierto modo dos etapas. No expresan, en verdad, mutación alguna en lo propiamente creacional; pero no dejan de responder a momentos de una evolución y, sobre todo, sirven para delimitar el punto de inflexión en el que la trayectoria de Valente empieza a perfilar sus últimas consecuencias con tal claridad que, de un lado, le aísla y distingue netamente de los demás poetas de su generación y, de otro, le permite escribir los mejores y más intensos poemas que debemos a ésta.

La línea divisoria se sitúa en 1966, año en que Valente publica *La memoria y los signos* (y año, también, en que aparecen o acaban de aparecer varios libros importantes de poetas de su misma leva). Este volumen, y los dos que le precedieron — *A modo de esperanza* y *Poemas a Lázaro* —, de una amplitud de visión verdaderamente poco común en la poesía castellana de posguerra — hecha salvedad de los grandes libros de madurez de algunos poetas del 27 — bastaban para valer a Valente una consideración a la que pocos escritores de su edad podían entonces aspirar razonablemente. Pero hay que notar — y esto es importante, no sólo porque influye en la suerte posterior del poeta ante su público, sino también porque es un error que todavía no se ha corregido — que este primer éxito de Valente, justificado del todo por la calidad de su obra, se basaba para algunos en una lectura parcial y con frecuencia mutiladora e incompresiva de aquélla: los poemas más significativos — los que, para decirlo en expresión tomada de *Las palabras de la tribu*, respondían a la concepción de la poesía como «movimiento de indagación y tanteos» — eran previsoramente silenciados, reputados incómodos o excesivamente abstrusos: se atendía a los que parecía que mejor podían convenir — y ello a costa de prescindir a sabiendas de sus zonas de sombra — a los intereses de la poesía de aquella hora.

El equívoco se echó a ver cuando, a partir de *Siete representaciones* (1967), la atención de Valente se orientó, con una concentración y exigencia que no dejaban el menor resquicio a quienes pretendieran hacer pasar a su obra por algo distinto de lo que era, hacia una irreversible incursión en el núcleo mismo de su problemática peculiar. El silencio o la incomprensión que rodearon *Breve son* y la admirable *Presentación y memorial para un monumento* — dos títulos que establecen una ruptura, pero no con el Valente anterior, sino con su entorno, esto es, con la poesía coetánea — y la facilidad con que el hecho de haberse publicado en México procuró a los más una coartada para no darse por enterados de la aparición de *El inocente*, uno de los grandes libros de poesía castellana que en los últimos treinta años se hayan debido a un autor de esta península, expresan, con más elocuencia que cualquier enunciado directo, el divorcio entre un poeta resuelto a no pactar con la mediocridad y el academicismo y una opinión literaria esterilizada que ha perdido el contacto con la que Octavio Paz, muy justamente, denomina la «tradición de la ruptura», que define al arte moderno. Era, lo he dicho en otra parte, repetir el gesto de Cernuda y exponerse a correr su misma suerte. Los *Treinta y siete fragmentos* — excepcionalmente densos, fulgurantes de sentido en su deliberada parquedad — cierran, inéditos, *Punto cero,* y confirman el sentido de esta obra. La sequedad conceptista no excluye, en Valente, el relámpago, la súbita reverberación: apertura de abismos, descubrimiento de máscaras, transparencia y tiniebla del lenguaje.

VALENTE EN PROSA

El *fin de la edad de plata* en un libro de difícil clasificación. A
partir de *Siete representaciones* (1967), la obra de José Ángel
Valente se caracteriza quizá ante todo — en el nivel más superficial — por un hecho: es una obra «incómoda»; plantea problemas al
crítico en la medida en que rompe los cuadros generacionales y constituye una flagrante desviación de la poesía al uso. En distintos ámbitos idiomáticos, poetas como Luis Cernuda o J. V. Foix han conocido un destino parecido. Pero el aislamiento de estos autores era
de otro orden que el de Valente. Cernuda, en efecto, como Foix, se
hallaba rodeado de otras singularidades. Los compañeros de generación — Aleixandre o Guillén para el andaluz, Carles Riba para el
catalán — eran figuras de primera magnitud, y ni siquiera la diver-
sidad de caminos emprendidos suponía que fueran irreconciliables:
el Riba de *Salvatge cor* invocaba el precedente foixiano, y, con ser
tan diverso el mundo poético que los sustentaba, dos libros publicados en el mismo año — *Desolación de la Quimera,* de Cernuda, y
En un vasto dominio, de Aleixandre — mostraban que dos grandes
poetas de una misma generación podían escribir simultáneamente
sendos títulos capitales en los que el impulso irracionalista de las
obras de anteguerra había cristalizado en contemplación y crítica
del mundo visible; trayectorias en cierto modo paralelas, pero no
asimilables — no había, no podía haber, influjo — ni excluyentes.
En el caso de Valente, la soledad es total. El movimiento renovador
iniciado a mediados de los años cincuenta por el grupo generacional
al que pertenece nuestro poeta ha desembocado en la pura trivialidad de una poesía periodística y anecdótica; no escritura de pan-
fleto, como ocurrió en los días del realismo social a ultranza, pero
sí de gacetilla y de crónica de salón. Valente — la excepción — pro-
sigue un camino único.

El *fin de la edad de plata* es la primera respuesta al reto que los
Treinta y siete fragmentos que cerraba *Punto cero* (1972) planteaban

a la propia obra futura de Valente y a la de los poetas coetáneos. Denunciada la falacia del lenguaje de la poesía académica, era preciso partir a la búsqueda de una nueva expresión. Los *Treinta y siete fragmentos* reducían el habla poética al estallido hiriente de un discurso atomizado. En cierto sentido, *El fin de la edad de plata* va incluso más allá (y por ello el libro, precisamente en la medida en que cumple de modo admirable su propósito, no puede sino acentuar la soledad de Valente en el interior de su generación). En rigor, esta obra no pertenece ya a ningún género literario preciso. Escrita en prosa, es fácil advertir en ella la presencia de dilatados períodos versales, sustentados en el heptasílabo y el endecasílabo. La misma naturaleza de las composiciones es ambigua: demasiado narrativas para poder considerarse siempre poemas en prosa, el tratamiento que en ellas muestra el lenguaje nos impide tenerlas simplemente por relatos. Viene a cuento recordar ahora la observación de Octavio Paz: «Si reducimos la poesía a unas cuantas formas — épicas, líricas, dramáticas —, ¿qué haremos con las novelas, los poemas en prosa y esos libros extraños que se llaman *Aurelia, Los cantos de Maldoror* o *Nadja*?». Como *Ocnos*, de Cernuda; como *Los encuentros*, de Aleixandre; como ¿*Águila o sol?*, de Paz; como *Reseña de los hospitales de ultramar*, de Mutis — cito, sin desconocer las diferencias de todo orden que los distinguen, algunos títulos significados de la moderna poesía en lengua castellana —, *El fin de la edad de plata* pertenece a este último género de obras.

Un texto más extenso, *El regreso* — reflexión elegíaca, de conmovida contención, en torno al tráfico fin del escritor cubano Calvert Casey —, divide claramente el libro en dos grandes secciones. En la primera predominan las piezas cercanas a lo narrativo; ocupan la segunda las mayoritariamente poéticas. La comunidad de temas, inspiración y tratamiento es, por lo demás, harto visible, con independencia de que sea lo lírico o el relato el registro dominante en cada caso. «Rapsodia vigesimosegunda», «El mono», «Tamiris el tracio» y «En razón de las circunstancias» tienen por tema una crítica de la poesía y una indagación en el sentido de la palabra poética. Los dos primeros textos citados, situados en la primera parte del libro, contienen una violenta sátira de la poesía acomodatícia, de la poesía como actividad estetizante; los otros dos, en la parte final reivindican la independencia y el sentido abarcador y transgresor del canto genuino. Otras dos composiciones — «Abraham Abulafia ante portam latinam», «Una salva de fuego por Uriel» — exaltan la figura del hereje, del transgresor por definición, tácitamente identificado al poeta. Son muy numerosas las de intención sarcástica y satírica. En «La ceremonia» y «Acto público» se reflejan en un espejo deformante los rituales de la oligarquía. Otros textos — «Informe al consejo supremo», «Sobre el orden de los grandes saurios» — satirizan el dogmatismo neoestalinista, mientras que algunos de los más relevantes del libro — «Discurso del método», «El fusilado», «Empresa de mudanzas» — nos hablan de un tiempo inhumano. Los hay que — tal «Hoy», «Intento de soborno», «Homenaje a Quintiliano» o «Fuego-Lolita-mi capitán» — parecen transcribir directamente recuerdos de mi infancia (tema, desde el inicial *A modo de esperanza*, de los más constantes de Valente), trascendidos, en el caso de los dos últimos, a una sangrante y amarga alegoría irónica. Pero, significativamente, el grupo más numeroso de textos está constituido por los que, diamantinos en su fulgor hermético, invocan la sombra y lo desconocido. En todos ellos la misma crispada y torturada búsqueda de un lenguaje que se autointerroga, fúlgido y tenso como el filo de una espada; al verbo de Valente podía aplicarse lo que uno de sus maestros, Cernuda, dejó dicho: «Palabra de poeta refleja sombra viva».

DIÁLOGO DE HETERODOXOS:
DE BLANCO WHITE A MOLINOS

UN libro ortodoxo — la *Historia de los heterodoxos españoles* — ha obsesionado en la península ibérica a las mentes heterodoxas. Sabemos que de sus páginas, proceden muchos personajes de *La Voie Lactée* de Buñuel; sabemos que figuró entre las lecturas juveniles de Tàpies; sabemos, en fin, que con toda probabilidad, en él hallaron por primera vez José Ángel Valente y Juan Goytisolo mención de los autores malditos — Miguel de Molinos y José María Blanco White, respectivamente — que ahora acaban de rescatar. Observa Juan Goytisolo: «El arte y literatura españolas, a partir de Goya, han extraído su fuerza de lo que podríamos llamar, en términos freudianos, *le retour du refoulé*». Para sustraerse a la asfixia moral, ha sido preciso buscar el reconocimiento en el *otro* pasado, en el pasado rechazado y sellado por la historia oficial. Cada colectividad tiene esta contrafigura indeseada: es Sade, por citar sólo el nombre mayor, para Francia; es el Llull más secreto o Arnau de Vilanova o Turmeda para el ámbito catalán; son, entre otros, Molinos y Blanco White para el área castellana.

«La historia de la literatura española está por hacer: la actualmente al uso lleva la impronta inconfundible de nuestra sempiterna derecha» dice Juan Goytisolo al iniciar la «Presentación crítica de José María Blanco White» que abre su edición de este autor.[1] Pero la afirmación de Goytisolo, con ser cierta, podría ampliarse: no es sólo la derecha, en el sentido estricto, la que ha configurado la historiografía literaria establecida del país. En su tiempo, pudo haber — y Valente, en el «Ensayo sobre Miguel de Molinos» que precede al

---

1 *Obra Inglesa,* de José María Blanco White, Selección, traducción, prólogo y notas de Juan Goytisolo, 1.ª edición, Ediciones Formentor, Buenos Aires, 1972; 2.ª edición, Editorial Seix Barral, Barcelona, 1974.

cuerpo del volumen que ha preparado[2] no deja de señalarlos — intereses políticos que pesaran en la condena de Molinos; no parece verosímil suponer que tales intereses, que en cambio han actuado indiscutiblemente en el caso de Blanco White (como, por ejemplo, en el del abate Marchena) hayan tenido parte sino de modo muy reflejo e indirecto en el olvido póstumo del místico quietista por sus paisanos. O, por mejor decir — y sin duda a esto es a lo que alude la frase de Goytisolo — la mentalidad derechista no se ha extendido sólo a lo político. Son antiguas, y ya lo subraya Valente, las tensiones entre el místico y la ortodoxia: desde este punto de vista, la proscripción de Molinos y la de Blanco White resultan homólogas, ya que, como escribe Goytisolo, «la historia oficial de España, tal como se enseña aún en las escuelas, puede cifrarse en un arduo proceso ascético-depurativo, destinado a la supresión de los anticuerpos (hebreos, moriscos, luteranos, enciclopedistas, masones, etcétera)». Pero, aunque inicialmente ambas tengan su raíz en lo religioso, la transgresión de la primera por Valente y de la segunda por Goytisolo, y precisamente en el momento actual de su evolución, no es casual; nos dice mucho acerca del sentido de dicha evolución, y de la distinta forma en que uno y otro escritor eligen, para adoptar la terminología de Fourier, una separación absoluta (un *écart absolu*) respecto a la sociedad española. No es, en otro orden, menos sintomático el hecho de que el gesto de Goytisolo y el de Valente se sitúen en el contexto de una recuperación más amplia de los autores que reivindican: así, son contemporáneos a la del primero otras dos ediciones, de diverso carácter, de Blanco White[3] y tengo noticia de que se preparan, además de la que ahora comento, dos nuevas publicaciones de Miguel de Molinos.

La obra de Molinos se produce enteramente en Roma; lo principal de la de Blanco White fue escrito en Inglaterra, y, lo que es más, en inglés. Valente reside en Ginebra desde 1958, y Juan Goytisolo en París desde unos años antes. En su generación, han sido dos excepciones: los dos escritores más importantes que han elegido residir fuera de España y los dos que tras haberse iniciado con una

---

2 José Ángel Valente, *Ensayo sobre Miguel de Molinos*, Miguel de Molinos, *Guía espiritual*, seguida de *Defensa de la contemplación*, Barral Editores, Barcelona, 1974.

3 José María Blanco White, *Antología de obras en español*, edición a cargo de Vicente Llorens, Editorial Labor, Barcelona, 1971, José Blanco White, *Cartas de España*, Alianza Editorial, Madrid, 1972.

obra coincidente en buena parte con el gusto generacional han llevado a cabo una evolución más radical y completa. (No menciono ahora a Martín-Santos y Benet, excepciones desde el comienzo; ni a Luis Goytisolo, cuya evolución, no menos profunda, ha seguido un cauce distinto) Molinos y Blanco White los caracterizan y dan razón del sentido último de sus opciones recientes. En lo que sigue, más que a examinar a los dos grandes heterodoxos de ayer — empresa de todos modos necesaria — tenderé quizás a subrayar de qué modo la obra de éstos incide en los dos heterodoxos de hoy que la suplen y rescatan.

Para Juan Goytisolo, la figura de Blanco White se inscribe en una constelación más amplia de españoles expatriados y excluidos por su país, y, ya en el tramo final de su estudio, desarrolla un paralelismo que se hace cada vez más explícito entre el destino del autor de las *Letters from Spain,* el de Gernuda y, por último, el suyo propio. En este sentido, puede decirse que para Goytisolo resulta ser Blanco una imagen anticipada de sí mismo, o, por mejor decirlo, la encarnación de un mito del mundo moral: el mismo que aparece asumido por el protagonista múltiple de *Reivindicación del conde don Julián* o por la irreconocible voz que suscita el discurso de *Juan sin Tierra.* Aunque Goytisolo atienda a otros aspectos del escritor, el centro de su interés viene indudablemente determinado por la consideración de Blanco como *self-banished Spaniard:* Blanco, anatematizado por los suyos, es una voz libre sobre la que se hace pesar el estigma del renegado. Y este estigma, en la medida en que resulta originariamente injusto, es orgullosa y airadamente asumido, de modo más radical todavía en Goytisolo que en el propio Blanco.

Esta interpretación, aunque no prescinda de la subjetividad del escritor (cualquier estudio futuro sobre la obra de Juan Goytisolo deberá tener en cuenta la actitud reflejada en esta «Presentación crítica de José María Blanco White» para precisar el sentido de sus últimas novelas) no puede calificarse ciertamente, de desnaturalizadora o abusiva: los escritos de Blanco la reclaman. Ninguno de los otros tres grandes críticos de la vida española del ochocientos — me refiero, naturalmente, a Larra, Galdós y Clarín — ha llevado la virulencia tan lejos como Blanco White. En Galdós y en Clarín, por severa que sea la crítica, no deja de percibirse cierto grado de empatía, cierta parcial identificación con aspectos de la realidad que diseccionan. Juanito Santa Cruz es un personaje sórdido, y el Madrid en que vive encierra no poca abyección; pero, al propio tiempo, incluso el lector más reacio a ello advierte que hay en Galdós una conciencia muy aguda de los valores sentimentales y pintorescos de aquel mundo que, en tanto que patriota, debe racionalmente considerar como material de derribo para hacer posible la edificación de la España futura. Este problema ético — al que Goytisolo, en otro contexto, alude en su prólogo, y que es en líneas generales el de cualquier escritor progresista que emprenda la crítica de la vida en un país subdesarrollado, para adoptar la divulgada expresión actual — no fue desconocido ni por Larra ni por Blanco, pero la solución que le dieron fue muy distinta. En Larra, no existe distancia entre el escritor y la agobiadora realidad circundante; por ello su crítica del país es la de alguien que, profundamente disconforme, vive inmerso en él. De ahí que, por una parte, Larra no pueda avenirse a conceder el menor margen de interés al color local, un color local que Blanco, escribiendo para extranjeros y ya en cierto sentido con el punto de vista de un extranjero, no podía depar de advertir; de ahí también, por otra parte, que Blanco vaya aún mucho más lejos que Larra en su análisis de las causas y circunstancias de la postración que pesa sobre su tierra nativa.

En el capítulo segundo de su autobiografía (incluido en la selección de Goytisolo) narra Blanco que, ante el temor de la Inquisición, un clérigo amigo suyo ocultaba entre los pliegues de la sotana los dos volúmenes del *Système de la Nature* de D'Holbach. Que esta obra contase entre las lecturas furtivas de Blanco no debe considerarse un hecho casual, como tampoco es fortuita la circunstancia de que fuese dicho tratado de D'Holbach el libro que con mayor insistencia solicitaba Sade que se le permitiera tener consigo durante su reclusión en la Bastilla. Blanco, sin embargo, no es Sade: tal es su límite. Su crítica del catolicismo primero y del anglicanismo después no llegó a desembocar en crítica del hecho religioso mismo; su crítica del celibato eclesiástico no llegó a generalizarse en crítica de la moral sexual del cristianismo. De hecho una ruptura tal no se hará patente en la literatura en lengua castellana, en tanto que tema central de una obra, hasta *Reivindicación del conde don Julián*, de Goytisolo. Pero esta consideración, que señala el ámbito de Blanco White, no lo disminuye. Blanco es un escritor ético a quien, a diferencia de sus compatriotas coetáneos, las azarosas circunstancias de la vida le permitieron, pura y simplemente, ver toda la verdad y decirla. Fue alto el precio que tuvo que pagar por ello: la expatriación, el abandono de la propia lengua, el desarraigo, la enemiga de sus compatriotas. Desde que Anselm Turmeda se convirtió al islamismo y escribió en árabe la *Tuhfa*, el tratado encaminado a refutar desde el ángulo mahometano su antigua religión, no creo que en ningún escritor peninsular se hubiera producido un enfrentamiento tan irreductible con la colectividad a la que por nacimiento pertenecía.

Lo esencial de la obra de Blanco es testimonio: relato personal, crítica de costumbres. Y pensamiento: polética deligiosa, polémica literaria, reflexión política y moral. Solitario, el soneto «Mysterious night» es una diamantina excepción en una obra poética por lo general ceñida al marco de una correcta convencionalidad acorde al gusto de la época. Esta pieza nos habla de una zona del espíritu de Blanco acerca de la cual de todos modos no podrá emitirse juicio definitivo hasta que dispongamos de una edición que reúna la totalidad de su producción poética en castellano e inglés, aún dispersa y en parte inédita. Pero la grandeza del Blanco testimonial no admite discusión: su examen de la España de su tiempo posee una lucidez y una valentía que hasta los esperpentos de Valle-Inclán no volveremos a hallar en el área hispánica.

La experiencia de Molinos es de otra índole, del mismo modo que — siendo así que se trata de los dos escritores que en su generación guardan mayores afinidades — la orientación de la poesía última de Valente difiere del giro actual de la narrativa de Juan Goytisolo. En ambos, se produce la «separación absoluta» de que hablé más arriba, pero por vías diferentes. Goytisolo atomiza el lenguaje y lo convierte en escenario de la transgresión; no es que nombre la transgresión, es que la opera en el habla. (En *Reivindicación del conde don Julián,* variantes argentinas, cubanas y mexicanas vulneran la intangibilidad del castellano escrito y su fonética; en *Juan sin Tierra* el castellano es, en la última página, sustituido por el árabe.) En Valente, no se trata de destruir el lenguaje, sino de convertirlo en vehículo del conocimiento. Rechazo e interiorización: no por azar el volumen teórico de Valente *Las palabras de la tribu* toma su título del célebre verso de Mallarmé: se aspira, en efecto, a «dar un sentido más puro a las palabras de la tribu». ¿Y acaso no es una operación de esta índole la que lleva a efecto la escritura del místico?

A partir de *Siete representaciones* (1967), la poesía de Valente se ha distinguido a un tiempo por una creciente desnudez, un despojamiento riguroso y progresivo y un predominio de lo conceptual y abstracto sobre lo sensorial, de la idea sobre la imagen — o, más exactamente, de la imagen que denota ideas sobre la imagen que denota elementos del mundo físico.

En esta obra, lo que se persigue es convertir al lenguaje en expresión de lo indecible, de aquello que se sitúa más allá de la comunicación lingüística usual, y sólo existe en tanto que dicho en el poema. Véase, a este respecto, el ensayo «Conocimiento y comunicación» incluido en Las palabras de la tribu, donde leemos que «el acto creador aparece así como el conocimiento a través del poema de un material de experiencia que en su compleja síntesis o en su particular unicidad no puede ser conocido de otra manera» y también que «La poesía aparece así, de modo primario, como revelación de un aspecto de la realidad para el cual no hay más vía de acceso que el conocimiento poético». Quien esto escribió debía sentirse atraído por la experiencia mística en lo que ésta tiene de máxima tensión del lenguaje abocado a nombrar lo que propiamente ni cabe en la palabra ni puede ser concebido racionalmente: un ente del lenguaje, pues, pero de un lenguaje forzado a decir lo que usualmente no puede decirnos.

La introducción de Valente a Molinos se inicia con unas consideraciones generales sobre la mística, para apuntar luego un bosquejo de lo poco que en verdad se ha llegado a saber de la vida de este autor y termina con una consideración particular de la Guía espiritual. El volumen se completa con unas muestras de una obra hasta ahora inédita, la Defensa de la contemplación, que es una amplia ratificación apologética de lo enunciado en la Guía. Valente no plantea en ningún momento la cuestión del contenido estrictamente religioso del pensamiento de Molinos. Lo que le interesa es otra cosa: de un lado, el conflicto entre el místico y el dogma; de otro, el carácter peculiar de la vivencia mística como apertura del habla a lo inefable, como adentramiento y ensimismamiento —desasimiento también— de la mente precipitada en un abismo interior. La figura de Molinos es así correlativa a la de un Lautréamont, para citar a uno de los autores que de modo más visible han retenido la atención de Valente: para ambos, la palabra participa de lo sagrado y rasga violentamente la región de las realidades innombrables.

Contemporáneo de la dilapidación de fulgores del barroco, Molinos opone a ella el escueto ceremonial de la nada. Su prosa, de una dibujada transparencia que en castellano acaso se encuentre sólo en fray José de Sigüenza, desmantela y desmiente el admirable edificio de antorchas y gualdrapas de Calderón o Gracián: como ellos, postula el vacío y la aniquilación final, pero, en vez de sugerirla por el entrecruzamiento de resplandores huidizos, la ilumina violentamente en un silencio traspasado por la revelación. Desenmascaramiento: inexorable en su lacónica y opaca sucesión de proposiciones, la lengua de Molinos abre el ámbito donde se aloja el palacio de la nada. Como en san Juan de la Cruz, lo poético — que, para el autor de la *Noche oscura,* no era sino secundario, y para Molinos ni siquiera constituía un propósito previo — irrumpe aquí, en razón de la naturaleza misma de la incursión emprendida por la mente, y proyecta a ésta en la zona de la preterracionalidad. Para Molinos — como para los poetas modernos a partir del movimiento romántico —, el lenguaje es una postulación de lo absoluto. Dicha postulación subyace desde sus inicios a la poesía de Valente, y se convierte en tema capital de la misma a lo largo de los últimos años, particularmente en los *Treinta y siete fragmentos* que cerraban *Punto cero* y en *El fin de la edad de plata.* Al anecdotismo narrativo de buena parte de la poesía española de su generación, Valente opone la ceñida y severa claridad de lo esencial.

Así, Blanco White y Molinos responden, como con el sonido de un diapasón remoto a la actitud de quienes hoy vuelven sus ojos a ellos. Como don Julián — como Juan Goytisolo —, Blanco descubre la parálisis moral que le rodeó; Molinos, como Valente, hace del verbo un vehículo de retraimiento, una vuelta al fondo, al envés del tapiz del lenguaje. Dos formas de excomunión de la colectividad: la crítica factual de Blanco, y la crítica tácita, eludida, de quien, como Molinos, elige remitir su palabra a un alto silencio.